普通高等学校"十四五"规划经济管理类专业数字化精品教材

商业银行运营沙盘实训教程

SHANG YE YIN HANG YUN YING SHA PAN SHI XUN JIAO CHENG

主　编　◎　阮丹　罗艳娥　卢敏

华中科技大学出版社
http://press.hust.edu.cn
中国·武汉

普通高等学校"十四五"规划经济管理类专业数字化精品教材

《商业银行运营沙盘实训教程》

编委会

主　编

阮　丹（武汉学院）

罗艳娥（文华学院）

卢　敏（广州华商学院）

副主编

周　利（武汉学院）

吕　敏（山东农业大学）

孙　浩（佛山科学技术学院）

郭少杰（珠江学院）

参编人员

万　昕（武汉学院）

赵大利（武汉学院）

付　敏（武汉学院）

周　谦（武汉学院）

- 特别感谢上海奕教科技有限公司、中国工商银行武汉白沙洲支行在本书编写过程中提供的支持。
- 本书附有教学课件、演示视频、教学案例等数字资源。

序 言
PREFACE

  本教材是武汉学院实验课程"金融沙盘实训"的配套教材，也是武汉学院校级规划立项教材和湖北省高等学校教学研究项目"创业教育实践教学校企合作共同体运行机制构建研究"（项目编号：2021489）研究成果。本教材可以作为奕·金融多点触控虚拟仿真平台的实验配套用书。

  金融学专业学生进入金融机构开展认知实习和专业实习，是人才培养中非常重要的教学环节。但金融企业出于安全性与保密性的考虑，很难让学生在实习期间接触中后台核心部门与岗位，因此，利用虚拟仿真技术模拟真实的工作场景和业务活动的仿真实验教学就成为高校教学的必然选择。

  鉴于此，武汉学院金融学专业一直在探索金融实验室和金融实验课程建设的创新之路。武汉学院建校之初，金融学专业就有开设，并于2010年被湖北省教育厅评为省级重点培育专业，2020年获批省级一流本科专业建设点，同年专业教学团队获批湖北省优秀基层教学组织。武汉学院金融学专业不断更新教育理念，以金融人才需求为导向，理顺金融学专业课程体系，实施理论教学和实践教学改革，不仅注重理论知识的讲授，更注重学生实践能力的培养，着力建设丰富的校内外实验、实习、实训基地，形成了具有特色的应用型人才培养机制。在金融学专业的人才培养方案中，实验实践类课程学时在专业课程学时中的占比达到了50%以上。

  在这一背景下，我们开设了特色实验课程"金融沙盘实训"，这是一门以情境学习理论为基础的跨学科跨专业的综合性实验课程，引进了上海奕教科技有限公司提供的奕·金融多点触控虚拟仿真平台。平台将真实的商业银行运营情形微缩于沙盘

商业银行运营沙盘实训教程

之中,将内外部环境抽象为一系列的经营模拟规则,通过应用多点触控技术和虚拟仿真技术实现对银行战略规划、机构渠道建设、资本管理、风险管理、资产负债管理、营销管理、银行经营会计核算与会计报表编制、资金市场交易和外部监管等金融企业运作活动的仿真模拟。学生在探究式的实验操作中,通过分组对抗、角色扮演、任务体验、团队合作等方式,构建起对金融机构的全景认知,深度体验商业银行实现价值创造的过程。

教材是实践教学内容的承载主体,也是施行实践性教学的重要依据。作为"金融沙盘实训"的配套实验用书,本教材紧扣金融学专业人才培养方案,致力于实现金融学专业培养目标,满足实验教学和实验操作的需要。本教材分为理论篇、实训操作篇两大部分。在理论篇中,本教材主要结合商业银行运营沙盘实训中所涉及的业务和管理知识进行讲解,为学生提供开展实训操作的理论基础。每章结尾安排有实训练习或案例思考,引导学生将理论知识运用于实践。在实训操作篇中,学生要在教师指导下完成不同的实验项目。学生通过本篇的学习将理解奕·金融多点触控虚拟仿真平台的操作规则,明确实验任务和要求,同时快速地熟悉实验操作流程。本书附录提供了优秀的团队案例,展示银行团队的经营管理战略、经营思路,团队的经营成果和经营风险,以及团队成员对该实验课程的体会和感受。

本教材具有以下特色:

一是符合高校经管类专业应用型定位。该教材充分体现了商业银行的运营管理流程、主要业务、关键岗位职责,以及商业银行运行的相关规则与制度。教材内容与沙盘操作紧密结合,侧重实验指导,将金融理论融合于操作规则中,同时提供实验过程中需要的各类报表,方便学生使用。

二是课程思政与金融实验教学相融合。本教材以"培育和践行社会主义核心价值观、坚定中国特色社会主义基本经济制度自信、深化职业理想和职业道德教育"为核心目标,通过商业银行各类金融业务的实验操作、岗位模拟,提升学生的金融职业素养与团队合作意识,引导学生秉持科学精神,做到知行合一。本书引用了大量中国银行业现实案例和商业银行相关政策法规,引导学生关注国家金融政策及现实金融问题,做到学思结合,牢固树立对社会主义基本经济制度显著优势的自信。

三是构建立体化教材。教材提供有实验视频,供师生扫码观看,同时提供实验报告、教学课件等多种教学资源,方便教师的教学。

本教材由武汉学院阮丹、文华学院罗艳娥和广州华商学院卢敏共同主编,武汉学院周利、佛山科学技术学院孙浩、珠江学院郭少杰、山东农业大学经济管理学院(商学院)吕敏任副主编。本教材写作分工如下:理论篇中,阮丹负责第一章、第三章的编写工作,万昕负责第二章的编写工作,卢敏负责第四章的编写工作,赵大利负责第五章的编写工作,付敏负责第六章的编写工作,周谦负责第七章的编写工作,罗艳娥负责第八章和第九章的编写工作；实训操作篇由阮丹编写。全书由阮丹进行统稿和审阅。

在本教材的编写过程中，要特别感谢广东金融学院王小燕教授、阮坚老师和他们的"金融ERP实验教学创新团队"。王小燕教授的团队是国内金融ERP沙盘实验教学的开创者和先行者，无论是在"金融沙盘实训"的授课中，还是在教材编写中，他们都无私地提供了很多指导和帮助。也要感谢武汉学院金融学2019级的同学们，正是他们在实验课上认真、投入、积极地参与，为本教材贡献了优秀的团队案例。

在编写过程中，本教材参阅了关于商业银行管理的最新法规和政策，参考了大量相关教材和著作，以及各大商业银行官方网站、财经网站提供的资料，在此对这些机构和作者表示衷心的感谢。本教材的出版得到了华中科技大学出版社、上海奕教科技有限公司、中国工商银行白沙洲支行的大力支持和热情帮助，在此也一并感谢。

期望本书能为使用奕·金融多点触控虚拟仿真平台的在校师生提供有价值的参考，能为学生的实验操作提供便利。由于水平有限，书中难免有不足甚至错误之处，敬请各位老师和同学给予批评指正。

阮丹

2022年12月于武汉学院

目录

·理论篇·

第一章　商业银行概况　3

第一节　商业银行的概念和性质 ……4
第二节　商业银行的职能和经营原则 ……6
第三节　商业银行的组织结构 ……9
第四节　商业银行的公司治理 ……16

第二章　商业银行营业网点　21

第一节　商业银行营业网点概述 ……22
第二节　商业银行营业网点的设置与选址 ……26
第三节　商业银行的创新服务渠道 ……28

第三章　商业银行存款业务　34

第一节　存款的组织与管理 ……35
第二节　单位存款业务 ……43
第三节　个人存款业务 ……47

第四章　商业银行贷款业务　50

- 第一节　企业贷款业务 ·················51
- 第二节　个人贷款业务 ·················59
- 第三节　贷款业务的质量评价 ············65

第五章　商业银行金融市场业务　70

- 第一节　金融市场概述 ·················71
- 第二节　同业拆借业务 ·················73
- 第三节　债券投资业务 ·················78

第六章　商业银行资本管理　89

- 第一节　商业银行资本概述 ··············90
- 第二节　《巴塞尔协议》的历史沿革 ·········95
- 第三节　资本的筹集与管理 ············· 103

第七章　商业银行财务管理　113

- 第一节　商业银行预算管理 ············· 114
- 第二节　商业银行财务报告 ············· 118
- 第三节　商业银行营业收入管理 ·········· 131
- 第四节　商业银行营业支出管理 ·········· 135
- 第五节　商业银行的财务分析 ············ 137

第八章　商业银行风险管理　145

- 第一节　商业银行的信用风险 ············ 146
- 第二节　商业银行的市场风险 ············ 149
- 第三节　商业银行的操作风险 ············ 155
- 第四节　商业银行的流动性风险 ·········· 157

第九章　商业银行监管　　165

第一节　政府对银行业的监管概述 …………………………… 166
第二节　政府对银行业的监管 ………………………………… 168
第三节　商业银行风险监管核心指标体系 …………………… 171
第四节　商业银行的监管主体 ………………………………… 176

•实训操作篇•

第十章　商业银行运营沙盘规则　　185

第一节　商业银行运营沙盘模拟经营环境 …………………… 185
第二节　商业银行建设规则 …………………………………… 187
第三节　业务规则 ……………………………………………… 188
第四节　计息规则 ……………………………………………… 191
第五节　财务管理和监管规则 ………………………………… 193

第十一章　商业银行运营沙盘操作指导　　196

第一节　实验准备 ……………………………………………… 196
第二节　实验操作 ……………………………………………… 199
第三节　实验结束 ……………………………………………… 213

第十二章　商业银行运营沙盘实验任务　　217

第一节　商业银行运营沙盘实验课程 ………………………… 217
第二节　实验任务 ……………………………………………… 219

附录一　　224
附录二　　242
参考文献　　244

理论篇

理论篇以介绍商业银行的基础业务为主，循着商业银行的资产负债管理、资本管理、财务管理、风险管理等关键管理路径，为商业银行运营沙盘实验提供相关理论基础，同时为实验操作提供案例参考和策略分析。

第一章 商业银行概况

商业银行是现代金融体系中规模最大，也是最为重要的金融机构。作为全书的开篇，本章全面地介绍了商业银行的基本情况，包括商业银行的概念、商业银行的性质、商业银行的职能和经营原则、商业银行的组织结构和商业银行的公司治理。

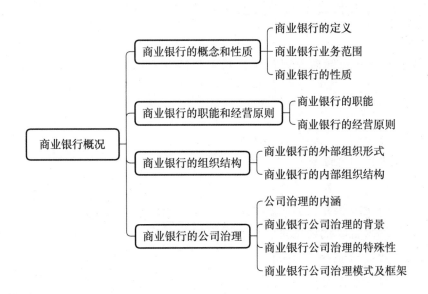

第一节　商业银行的概念和性质

一、商业银行的定义

我国商业银行的一般定义是：依照《中华人民共和国商业银行法》和《中华人民共和国公司法》设立的吸收公众存款、发放贷款、办理结算等业务的企业法人。商业银行以安全性、流动性、效益性为经营原则，实行自主经营，自担风险，自负盈亏，自我约束。

二、商业银行业务范围

《中华人民共和国商业银行法》规定我国商业银行可以经营下列部分或者全部业务：

(1) 吸收公众存款；
(2) 发放短期、中期和长期贷款；
(3) 办理国内外结算；
(4) 办理票据承兑与贴现；
(5) 发行金融债券；
(6) 代理发行、代理兑付、承销政府债券；
(7) 买卖政府债券、金融债券；
(8) 从事同业拆借；
(9) 买卖、代理买卖外汇；
(10) 从事银行卡业务；
(11) 提供信用证服务及担保；
(12) 代理收付款项及代理保险业务；
(13) 提供保管箱服务；
(14) 经国务院银行业监督管理机构批准的其他业务。

商业银行经中国人民银行批准，可以经营结汇、售汇业务。

今天，商业银行被赋予了更广泛、更深刻的内涵。由于金融业务综合化发展，银行与非银行金融机构的界限越来越模糊。银行提供了范围极为广泛的金融服务，而且不断向新领域挺进。从总体来看，现代银行所提供服务范围之广，服务传送渠道之多，带给客户无尽的方便，使其有了"金融百货公司"的称号。

三、商业银行的性质

商业银行的企业性质使它与中央银行、政策性银行有重要区别。中央银行代表国家制定宏观货币政策，行使宏观金融管理职能。政策性银行属于政府的金融机构，基本职责是以融资手段贯彻国家产业政策，弥补市场机制的不足。

（一）商业银行是企业

商业银行与一般企业一样，拥有从事业务经营所必需的自有资本。商业银行在法律地位上是独立的，是独立的法人，自主地开展经营活动，并从经营中获取利润。商业银行作为营利性企业，追求利润最大化是经营的最终目标，营利性自始至终贯穿在商业银行的业务全过程中。

（二）商业银行是金融企业

商业银行与一般的工商企业相比较有不同，主要表现在如下方面。

1. 经营对象上的差异

一般工商企业所经营的是商品和服务，而商业银行经营的是特殊商品——货币和货币资本。

2. 经营方式的差异

一般工商企业采取生产或买卖的方式经营，而银行采取的是借贷方式，即以信用方式经营。

3. 社会经济影响的差异

商业银行的经营活动对整个社会经济的影响要远远大于任何一个企业。同时，商业银行受整个社会经济的影响也较任何一个具体企业更为明显。为此，商业银行必须严格遵守国家颁布的政策、法规、条例。在国际上，通常是通过立法形式来对商业银行业务作出强制性的规定，进行有别于一般企业的特殊管理。

(三）商业银行是特殊的金融企业

相较于其他金融企业，商业银行有以下两个明显的特征。

1. 能够吸收公众存款

吸收公众存款是商业银行的一个显著特点，而且商业银行具有创造存款货币的功能。

2. 业务范围广泛

与中央银行和政策性银行相比，商业银行的业务更综合，功能更全面，能为客户提供各种各样的金融服务。

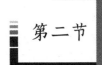

第二节　商业银行的职能和经营原则

一、商业银行的职能

金融是经济的核心，银行是金融的核心。商业银行是一国最主要的金融中介机构，其职能体现了这一点。

（一）信用中介职能

信用中介是商业银行最基本、最能反映其经营活动特征的职能。这一职能的实质，是通过银行的负债业务如吸收存款，把社会上的各种闲散货币集中到银行里来，再通过资产业务如贷款，把它投向经济各部门；商业银行从中获得利差收入，形成银行利润。商业银行通过信用中介的职能实现资本盈余和短缺之间的融通，并不改变货币资本的所有权，改变的只是货币资本的使用权。

（二）支付中介职能

支付中介是指商业银行利用活期存款账户，为客户办理各种货币结算、货币收付、货币兑换和转移存款等业务的活动。商业银行通过存款在账户间的转移来代理客户支付,在存款的基础上为客户兑付现款等,成为工商企业、团体和个人的货币保管者、出纳者和支付代理人。以商业银行为中心,形成了经济过程中无始无终的支付链条和债权债务关系。商业银行支付中介职能的发挥,极大地减少了现金的使用,节约了社会流通费用,加速了结算过程和货币资金周转,促进了经济发展。

(三)信用创造职能

信用创造职能是在信用中介和支付中介基础上产生的。在广泛采用非现金结算的情况下,银行将吸收的存款扣除法定准备金后贷款出去,客户取得借款后选择将其全部转入另一家企业的银行存款账户。接受这笔存款的银行,在存款增加的同时,存款准备金也相应增加。它在留取一部分法定存款准备金后,又将剩余部分贷款出去,如此不断延续,可以创造出大量存款。商业银行是各种金融机构中唯一能吸收活期存款、开设支票存款账户的机构,也是唯一有信用创造功能的金融机构。假设法定准备金率为20%,派生存款的创造过程将如表1-1所示。

表1-1 派生存款创造过程 (单位:万元)

银行名称	存款增加数	按20%提取法定准备金	放款增加数
第一家银行	10,000.00	2,000.00	8,000.00
第二家银行	8,000.00	1,600.00	6,400.00
第三家银行	6,400.00	1,280.00	5,120.00
第四家银行	5,120.00	1,024.00	4,096.00
第五家银行	4,096.00	819.20	3,276.80
…	…	…	…
合计	50,000.00	10,000.00	40,000.00

(四)金融服务职能

随着经济和社会生活的现代化,工商业、服务业甚至家庭生活都对金融服务提出了更多需求。为满足客户需求并促进自身业务增长,商业银行在存款、贷款和结算基础上衍生出各类综合金融服务,如工资代发、代理缴纳水电费、保管、担保、咨询等。

（五）调节经济职能

商业银行通过其信用中介活动，在国家宏观政策的指引下，引导资金流向，实现产业结构调整，发挥消费对生产的引导作用，调剂社会各部门的资金余缺，从而实现调节经济结构和产业结构的作用。

二、商业银行的经营原则

商业银行经营管理的一般原则包括安全性原则、流动性原则和盈利性原则。

（一）安全性

安全性原则是商业银行生存的前提。银行必须确保资金来源和资金运用是安全可靠的：一是银行的贷款在不受损失的情况下能如期收回，二是银行不会因贷款本息不能按时收回而影响客户提取存款。这首先是由于商业银行自有资本较少，经不起较大损失。其次是由于商业银行经营条件具有特殊性，比如负债是硬约束，贷款是软约束。商业银行的安全性原则要求商业银行将资产分散化，降低自己的运营风险，加强对客户的资信调查和经营预测；合理匹配资产负债清偿期限，时刻保持稳健的清偿能力；保持一定比例的流动性较强的资产，如活期贷款、短期流动资金贷款等。

（二）流动性

流动性原则是商业银行发展的关键。银行必须随时满足客户的提现要求和必要的贷款需求。流动性供给既产生于客户的新增存款和贷款的收回，也产生于银行借款等其他渠道。商业银行要保证资产的质量，保证如期收回贷款本金，同时调配好资产结构，保持随时以适当的价格将资产变现的能力。

（三）盈利性

商业银行经营以追求利润最大化为终极目标。银行盈利水平高，就能积聚更多资本，提高客户的信任度，有利于扩大业务规模，增强竞争力，实现可持续发展。盈利性原则要求商业银行尽量减少现金资产，扩大盈利资产的比重；以尽可能低的成本，取得更多的资金；减少贷款和投资的损失；加强内部经济核算，节约管理费用开支；严格操作规程，完善监管机制，减少事故和差错，防止因内部人员违法犯罪活动而造成银行的重大损失。

商业银行经营的三大原则既统一，又矛盾。单纯强调哪一个都不行，要同时达到最高水平也不现实。因此，银行必须从现实出发，在安全性、流动性和盈利性之间寻求基本统一和相对平衡。资金的盈利性是核心，安全性和流动性是基础，都面临如何把握基本尺度的问题。

第三节 商业银行的组织结构

一、商业银行的外部组织形式

我国商业银行的外部组织形式主要采取的是总分行制。总分行制又称为"分支行制"，其特点是可以在同一地区或不同地区甚至国外设立分支机构，从而形成以总行为中心的庞大的银行网络。这类银行的总部一般设在经济发达、通信便捷的大城市，从而有利于对下属分支机构进行管理和指挥。世界上绝大多数国家都实行这一制度。

股份制商业银行常见的是总行、分行、支行三级机构设置。

（一）总行

总行总辖全国业务，一般设置在经济发达城市或区域性中心城市。总行作为一级法人，对全国各级分行实行统一核算、统一调度、分级管理，各级分行在总行授权范围内经营。其结构为金字塔型，从上到下构成"总行——一级分行（省行）——二级分行（市行）——一级支行（区、县、县级市行）——二级支行（分理处或储蓄所）"的五级机构模式。

（二）分行

分行是以省级为单位建立的银行分支机构，主要负责全省所辖支行的业务统筹和行政管理工作。商业银行分支机构不具有法人资格，在总行授权范围内依法开展业务。商业银行设立分支机构须报经国务院银行业监督管理机构批准，在境内的商业银行分支机构不按行政区划定，由商业银行总行根据业务发展需要自行决定。

（三）支行

支行也是银行的分支机构，是一个地区银行的主管行，可以管储蓄所和分理处。一般来说省一级的分行是一级分行，市一级的分行是二级分行，市以下的区县以及县级市的分支机构为支行。每个支行有一个支行营业室，还有若干分理处和储蓄所。分行和支行的主要区别如下。

（1）业务不相同。分行可以办理公务，比如一些项目的审批、贷款发放核准等；支行可以办理个人业务，比如存取款、贷款，满足普通用户的日常需求，但是不能办理公务。

（2）管辖权不同。分行是一家银行某地区的最高管理机构，它所辖业务范围比支行要广，并且是支行的直接上级机关。支行则是一个基层单位，一般支行下面还设有网点支行或分理处，分理处下设储蓄所。

（3）汇报对象不同。分行属于银行体系的二级机构，一级分行归总行直管，要向总行汇报工作，二级分行归一级分行管理。支行属于银行体系的三级机构，要向分行汇报工作。

（4）规模不同。分行一般都有自己的特色定位，在风险偏好、市场策略、产品组合、产品定价上有一定的自主权，银行一般都会在经营职能完整、产品门类齐全的基础上鼓励分行特色发展。

二、商业银行的内部组织结构

大多数股份制商业银行都是按《中华人民共和国公司法》组建的。总体来说，商业银行内部组织结构一般可分为三个系统，即决策系统、执行系统、监督系统。其特点是产权清晰、权责明确，权力机构、执行机构和监督机构相互分离、相互制衡。

（一）决策系统

商业银行的决策系统包括股东大会、董事会以及董事会下设的各委员会。股东大会是股份制商业银行的最高权力机构。股本招募中购买银行发行的优先股票的投资者成为银行的优先股东，购买银行发行的普通股票的投资者成为银行的普通股东。股东大会的主要职责和权限包括：选举和更换董事、监事并决定有关的报酬事项；

审议批准银行各项经营管理方针和对各种重大议案进行表决；修改公司章程等。董事会是由股东大会选举产生的决策机构。

董事会代表股东大会执行股东大会的决议，对股东大会负责。商业银行董事会主要具有以下一些重要权力：确定银行的经营决策，董事会一般不直接参与银行的日常工作，但银行经营的重大问题要与董事商议，由董事会作出决策；董事会有权任免银行管理人员，选择熟悉银行业务的高级管理人员来具体管理银行；设立各种委员会或附属机构，如执行委员会、贷款委员会、考评委员会等，通过它们对银行的经营管理活动进行组织、指挥和监督。各种常设委员会是由董事会设立的，职责是协调银行各部门之间的关系，也是各部门之间互通情报的媒介，须定期或经常性召开会议处理某些问题。

（二）监督系统

商业银行的监督系统由监事会和稽核部门组成。监事会由股东大会选举产生，代表股东大会对商业银行的业务经营和内部管理进行监督。监事会比董事会下设的稽核机构具有更大的权威性，除检查银行业务经营和内部管理外，还要对董事会制定的经营方针、重大决定、规定以及制度执行情况进行检查，对发现的问题具有督促限期改正之权。稽核部门负责核对银行的日常账务项目，核查银行会计、信贷及其他业务是否符合当局的有关规定，是否按董事会的方针纪律和程序办事，其目的在于防止篡改账目、挪用公款和浪费，以确保资金安全。

（三）执行系统

商业银行的执行系统由总经理（行长）和副总经理（副行长）及其领导的各业务部门组成。总经理（行长）是商业银行的最高行政负责人。总经理（行长）的主要职权是执行董事会的决议，组织领导银行的业务经营活动。在总经理（行长）的领导下，商业银行还要设置若干个业务、职能部门及部门经理。具体情况可参见图1-1：华夏银行组织结构图。

商业银行职能部门分两个层次。

1. 业务部门

（1）零售银行业务部，主要负责零售银行业务的拓展，服务大众客户、高端客户和特殊类型客户。

（2）公司银行业务部，主要负责公司类型的客户，满足其投融资、结算等方面的需求。

（3）银行同业业务部，主要负责与商业银行、证券公司、保险公司、信托公司

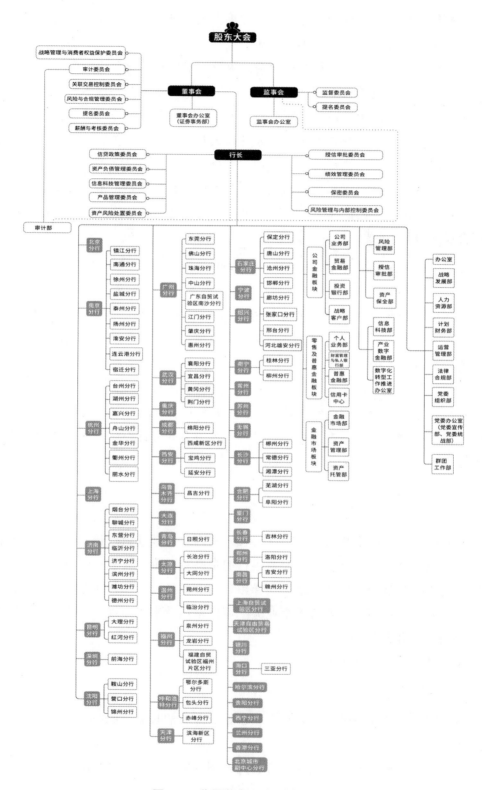

图1-1 华夏银行组织结构图

资料来源:华夏银行网站。

等之间的业务。

（4）普惠金融部，主要的服务对象是公司客户中的小微企业。近年来，国家不断出台政策支持小微企业的发展，部分银行随之在公司业务部的基础上，成立了普惠金融部。

（5）国际银行业务部，主要开展国际投融资、进出口融资以及外币相关业务。

（6）电子银行业务部，主要负责自助金融服务、电话银行业务、手机银行、网上银行等业务。

（7）银行柜台营业部，主要负责在银行柜台处理的现金业务和非现金业务。

2.业务支持与保障部门

（1）支行服务部，统筹各部门对支行的常规性管理和服务工作。

（2）放款部，独立于信贷审批部门和会计部门，负责审核各家支行提交上来的放款流程，审查借款合同、担保合同、权证、保单和各类法律文本和要件，判断是否存在法律瑕疵等。

（3）工作研究部，主要对工作制度、业务流程、操作规范进行研究、评估和改进。

（4）押汇中心，主要负责国际业务单证的处理。

（5）风险管理部，负责建设和完善包括风险管理制度、工具方法、信息系统等在内的风险管理体系，组织开展各项风险管理工作，对银行承担的风险进行识别、计量、监测、控制和缓冲，完成风险敞口的报告等工作。

（6）会计部，制定全行财务、信贷、会计、储蓄、出纳相关的会计核算制度，负责全行财务会计报告的编制、上报及分析等所有会计业务的管理，但不负责核算、清算和稽核等事务。

（7）计划财务部，负责对全行经济活动进行监督，建立健全内控制度，负责财务预算编制和分析工作，以及内部费用管理、资金管理和考核等工作。

（8）信贷管理部，负责本外币各类信贷业务的审查工作、各类贷款发放的审核和管理工作、贷后检查工作、信贷风险监测和检查分析、贷款五级分类工作，以加强信贷资产质量管理。

（9）人力资源管理部，负责银行的员工招聘、人事调配、培训、工资核算、福利发放、业绩考核等综合管理工作。

（10）法律事务部，负责合同的审查和部分贷后保全工作。

（11）总务部，包括总务、后勤、保卫等部门。

商业银行运营沙盘

在商业银行的运营中,各银行团队要开设总行和分行。在沙盘规则下(参考第十章《商业银行运营沙盘规则》),银行经营区域分为A、B、C三个区域。以标准六期模型为例,从表1-2可以看出,A区域存贷款单数最多,C区最少。由此可以判断各区域的经济发展情况和市场竞争程度。A区是经济发达地区,市场对存款和贷款的需求量大,银行等金融机构的数量较多。C区市场规模小,金融机构少。如果所有银行团队都选择去C区开分行,竞争势必非常激烈。

表1-2 存贷款单数预测 （单位：单）

	第1期	第2期	第3期	第4期	第5期	第6期
A区域存贷款单数	16	16	12	12	10	14
B区域存贷款单数	2	6	6	7	8	6
C区域存贷款单数	2	3	4	3	4	4

第一期,各银行团队都必须在A区开设总行,然后再开设第一家分行。从第二期开始,可以自由选择在A区、B区或C区开设分行。每个银行团队在A区总共可以开设2家分行,在B区和C区各可以开设1家分行。

图1-2是市场存贷款总量预测图。

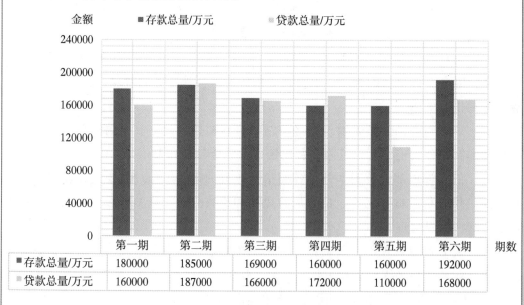

图1-2 存贷款总量预测图

根据图1-2的存贷款总量预测结果,结合表1-2各区域的存贷单数量,可以预测未来三年各区域的存贷款量,预测结果如表1-3所示。例如,第一期存款总量为

18亿元，A区、B区和C区的存单数共计20单，每一单平均9000万元，那么A区域的存款总量为1.8亿元，B区和C区为9000万元。

表1-3　存款和贷款三年预测结果　　　　　　　　　（单位：万元）

区域	第一期		第二期		第三期	
	存款	贷款	存款	贷款	存款	贷款
A区域	18,000	16,000	14,800	14,960	15,363	15,090
B区域	9,000	8,000	7,400	7,480	7,681	7,545
C区域	9,000	8,000	7,400	7,480	7,681	7,545

在机构建设策略上，一般有两种开设分行的策略。

1. 快速扩张型

在这种策略下，银行团队在第二期就可以将所有区域内的分行全部开满。

（1）优点：银行资产规模可以迅速扩张。在银行运营中能吸收更多的存款，同时发放更多的贷款，存款、贷款和国债的规模得分会更高，银行的收益会更高。特别是在C区提前抢占市场，会对其他银行后续在C区开设分行的决策产生影响。

（2）缺点：银行承担的费用高，风险较大。首先是营销费较高，特别是在C区博弈时，为了能抢到C区有限的业务，往往要投入较高的营销费。其次是运营管理费用高，分行较多的银行需要支付更多的机构管理费、员工薪酬费，也会计提更多的折旧。这些费用都会影响银行的利润。最后是风险较大，分行多意味着业务量多，伴随的信用风险和操作风险也会更大。

2. 稳步扩张型

在这种策略下，银行团队在第二期为了避免在C区的竞争，将选择只在A区和B区开设分行。在后期视C区的市场竞争情况再考虑是否开设分行。

（1）优点：费用低、风险低。整体营销费、机构管理费、员工薪酬费会更低，并可以将营销费适当向A区和B区倾斜，用以吸收低成本负债，发放优质贷款，这有可能实现低风险高收益的盈利模式。

（2）缺点：银行资产规模较小。存贷款国债业务总规模较小，会影响银行的收益。虽然后期在C区开设分行可以选择租赁的形式，但是租赁的银行不构成固定资产。

各银行团队要根据模拟的宏观经济环境做至少3年的银行机构建设规划，争取做到收益高但风险适度。

第四节 商业银行的公司治理

一、公司治理的内涵

从狭义上讲,公司治理是指所有者(主要是股东)对经营者的一种监督与制衡机制,即通过一种制度安排,合理地配置所有者和经营者之间的权力和责任。其目标是保证股东利益的最大化,防止经营者对所有者利益的背离。

从广义上讲,公司治理不局限于股东对经营者的制衡,还涉及广泛的利益相关者,包括股东、雇员、债权人、供应商和政府等与公司有利害关系的集体或个人。公司治理是指通过一套包括正式或非正式的、内部或外部的制度或机制来协调公司与所有利益相关者之间的利益关系,以保证公司决策的科学性与公正性,从而最终维护各方面的利益。公司治理的目标不仅是股东利益的最大化,而且是所有利益相关者的利益最大化。

在以银行为主导的金融体系中,商业银行公司治理是我国金融治理的核心,商业银行公司治理是否良好关系到整个经济金融系统的运行是否安全。为了实现高质量发展,商业银行必须完善公司治理。

二、商业银行公司治理的背景

1999年,巴塞尔银行监管委员会(以下称巴塞尔委员会)发布《加强银行机构的公司治理》。2002年,中国人民银行颁布《股份制商业银行公司治理指引》。次贷危机后的2010年,巴塞尔委员会发布了新版《加强银行机构的公司治理》,提出了公司治理的14项基本原则,突出了风险管理在银行公司治理中的重要性。2015年,安塔利亚G20峰会通过了《G20/OECD公司治理原则》修订版,这是目前国际社会关于公司治理的权威文件。大型商业银行在我国金融体系中占据重要地位,工商银行、农业银行、中国银行和建设银行先后被金融稳定理事会(FSB)列入全球系统重要性银行,大型商业银行公司的有效治理关系到整个金融体系的稳定和国民经济的稳健运行,会对全球经济产生重大影响。

三、商业银行公司治理的特殊性

商业银行作为一类特殊的公司,既有一般公司的普遍性,也有许多不同于一般公司的独特性,这导致商业银行公司治理具有一定的特殊性,主要表现在以下几个方面。

(一)特殊的经营目标

商业银行是经营货币资金的经济实体,通过高效配置资金这一稀缺资源来实现自身效益最大化。同时,商业银行采取的是高杠杆经营方式,资产负债期限结构不匹配,具有脆弱性特征,容易引发金融风险。因此,商业银行的经营目标具有特殊性,既要通过资金配置追求效益最大化、股东利益最大化,又要实现金融风险最小化。

(二)对存款人等利益相关者负责

"股东至上主义"认为股东是公司的所有者,公司治理是要建立起一种组织形式与监督机制,有效激励管理者增进股东利益。利益相关者理论则认为,债权人、员工、客户等同股东一样,都在一定程度上承担着公司的经营风险,也是公司的所有者。除了增进股东利益外,公司治理还应考虑利益相关者的利益。商业银行的经营关系到宏观经济的稳定和金融体系的安全,其利益相关者比普通公司更广泛,所以商业银行的公司治理应更多地关注利益相关者的利益,对存款人和其他利益相关者负责。

(三)风险管理和内控制度的重要性

由于商业银行本质上是风险的经营者,因此风险管理和内部控制在其公司治理体系中具有极其重要的地位。风险管理和内部控制不仅能识别、评估和应对信用风险、市场风险、操作风险等,还能生成定量化的风险信息支持董事会的战略决策。风险管理与内控制度是银行公司治理的重要组成部分,是判断银行公司治理是否有效的重要标准。

(四)与金融监管密切相关

商业银行公司治理是保持单个银行机构稳健发展的保障,是防范化解金融风险的第一道防线。因此，商业银行公司治理已成为评价金融监管有效性的重要组成部分。加强银行公司治理监管已成为全球共识，巴塞尔监管委员会等国际组织都在监管核心文件中明确了对金融机构公司治理的监管要求，监管作为外部治理机制在商业银行公司治理中发挥着重要作用。

四、商业银行公司治理模式及框架

（一）商业银行公司治理模式

由于经济、社会和文化等方面的差异以及历史演进轨迹的不同，不同国家和地区商业银行的公司治理结构是有差异的。从世界范围来看，目前主要有两种典型的公司治理模式。一种是以英国和美国为代表的市场监控型公司治理模式。英国和美国的股市比较发达，银行的中小股东较多且高度分散，股市流动性强，银行资产结构中中小股东的地位举足轻重，因而这种公司治理模式更多地依赖于银行外部市场的力量和完善的立法及执法机制，强调银行财务数据的充分公开和透明，禁止内部人交易，用股票市场监督经理活动。另一种是以德国和日本为代表的股东监控型治理模式。在这种模式下，对银行的监督和约束主要来自大股东。

客观地说，上述两种模式在不同国家、不同的环境下均发挥了相当重要的作用，促进了各自国家经济的快速发展。而且，随着经济金融全球化进程的加快，近年来，两种模式也在不断互动、不断融合，商业银行公司治理也呈现出模式融合的发展趋势。具体来说，英美模式中，机构投资者开始成为主导性的投资者，并且更为积极地参与公司事务，监督公司管理层。德日模式中来自外部的监督也在增强，养老基金、共同基金等机构投资者在稳步发展，许多大型公司也开始公开上市，信息披露力度在不断加强，中小股东的合法权利不断增多。

（二）商业银行公司治理框架

商业银行公司治理基本框架主要包括三部分内容：一是股权结构，它是决定商业银行公司治理架构的基础；二是公司治理机制；三是风险管理机制。具体可参见图1-3：招商银行公司治理架构图。

（1）股权结构。股权结构是指公司股东的构成状况，既包括股权集中或分散的程度，也包括股东类型及各类股东的持股比例。

（2）公司治理机制。公司治理机制主要包括决策机制、激励与约束机制、监督与信息披露机制。

（3）风险管理机制。良好的公司治理是风险管理的制度性保障。风险管理的组织架构、运行机制、流程效率、信息透明度等是银行公司治理的重要组成部分。股东大会、董事会、监事会、高管层都对银行的风险管理负有责任。具体来看，董事会是银行风险管理的最高决策机构，对风险管理承担最终责任，并通过风险管理委员会和审计委员会对高管层风险管理执行情况进行监督；高管层负责执行风险管理制度，监事会、外部审计对风险管理活动进行监督。

有效的公司治理是获得和维持公众对银行信任和信心的基础，不健全的公司治理会导致银行经营和信用行为失控，导致市场对银行失去信心，可能触发挤兑危机或流动性危机，引发银行破产甚至导致系统性风险。风险管理与绩效在某种意义上体现着银行在风险与收益间的平衡。良好的银行绩效能够增强银行的声誉与树立良好的公众形象，进而降低银行的资本投入和其他资金的融资成本，使银行获得更高利润。

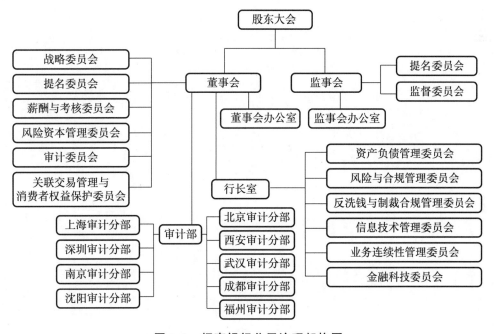

图 1-3 招商银行公司治理架构图

资料来源：招商银行官网。

本章小结

1.我国的商业银行是依照《中华人民共和国商业银行法》和《中华人民共和国公司法》设立的吸收公众存款、发放贷款、办理结算等业务的企业法人。

2.商业银行是以营利为目的金融企业，是特殊的金融企业。

3.商业银行有信用中介、支付中介、信用创造、金融服务和调节经济五大职能。

4.商业银行经营管理要坚持安全性、流动性和盈利性原则，即"三性"原则。

5.商业银行内部组织机构一般可分为三个系统，即决策系统、执行系统和监督系统。

6.商业银行公司治理是我国金融治理的核心，银行公司治理关系到整个经济金融系统的运行安全。商业银行公司治理主要包括三部分内容：一是股权结构，二是公司治理机制；三是风险管理机制。

实训练习

调研一家上市商业银行，通过查找该银行近期的年报，以及其他公开披露的信息，了解该银行的历史和概况、组织结构、公司治理架构、企业战略和经营业绩等信息。

第二章 商业银行营业网点

　　立足于各基层的营业网点是商业银行和广大客户沟通的主要途径。这主要是因为商业银行主要通过银行网点来展示自己的"商品"——服务，并且商业银行所推出的金融产品需要基层网点来向客户推广销售。这就导致基层网点的绝大部分属性都会投射到银行整体之中，是银行状况的最直观反映。本章第一节介绍商业银行基层网点的概念、分类、功能等方方面面，第二节介绍商业银行基层网点的设置与选址，第三节浅谈银行创新服务渠道如手机银行、网络银行等。

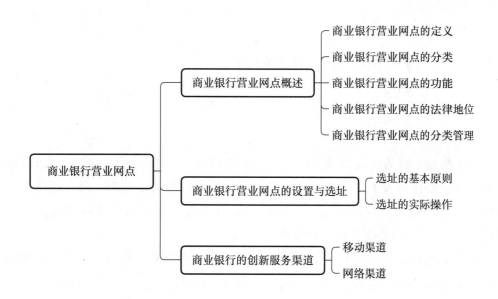

第一节　商业银行营业网点概述

一、商业银行营业网点的定义

同城营业网点是指商业银行在同一城市行政区划内设立的分行以下(不含分行)提供金融服务的营业性支行(以下简称同城支行)、自助银行设施(以下简称自助银行)。

传统的营业网点包括支行、分行、储蓄所和分行以下的代办处（室）等，并没有将自助设施包含在内。随着科技和金融的共同进步，同时也是为了突破边际效应，适应更加激烈的行业竞争压力，新的银行业务要求被不断提出，银行自身也越来越注重效率。在同城机构之中，扁平化管理改造快速进行，通常只设置两级机构，即分行与网点，新的智能化自助设备也逐渐作为独立的商业银行机构而存在，并且越来越为公众所接受。

二、商业银行营业网点的分类

（一）实体网点

实体网点是较为传统的基层网点，主要提供人工服务。近些年来，随着科技的发展，商业银行引入了大量的高科技设备，但这些设备都是辅助性的，还是无法完全替代人工。根据我国实情可将实体网点的存在形式细分为：支行（含分行营业部）、储蓄所、分理处及其他营业场所。

支行承担着商业银行的基本业务，提供最基本的服务。在银行扁平化管理的要求下，在同城范围内通常只有两级机构，即分行和网点。银行网点的布局主要以支行为主，支行也将取代其他网点形式。储蓄所主要为自然人提供银行业务服务，私人金融产品为其主要的销售商品。分理处的权限不高，只办理部分个人金融业务和公司金融业务。

（二）自助银行设施

自助银行是一种借助先进的互联网自助服务终端，采用全自动的运营模式、设备及应用系统，运行人机对话模式的综合金融服务设施。其亮点是为客户提供24小时全天候不间断的服务。近年来，我国银行业投入大量资金，不断发展自助银行。据不完全统计，截至2020年年末，全国布局建设自助银行15.62万家；布放自助设备97.37万台，其中，创新自助设备1.52万台；自助设备交易笔数达212.54亿笔，交易总额43.42万亿元。同时，银行业持续加大对金融科技的投资力度。为方便客户享受24小时全天候服务，银行业引进各种终端设备并开发相关应用系统，使得原来的自助银行设施从单一的存、取款功能，发展到可以进行账户转账、银证转账、外汇买卖、外币兑换、自助贷款、补登存折、缴纳公用事业费等操作，使客户越来越多的金融需求得到了满足。此外，银行卡从只能在发卡银行的ATM上使用，发展到可以全球联网通用，实现了持卡人"一卡在手，走遍神州"的心愿。同时，商业银行在传统安保措施基础上，注重提高自助银行的保安等级，安装防止他人偷窥的密码遮蔽罩、"卡喉"等，保护了持卡人的信息安全，真正做到客户持卡安心、放心。

三、商业银行营业网点的功能

商业银行网点聚集了商业银行的技术、人才等各种资源，代表着银行的核心竞争力，也是银行形成核心竞争力的要点。

（一）树立银行品牌和形象

树立良好的网点形象对商业银行整体品牌形象建设具有重要意义。金融服务多为体验式服务，在银行业竞争日趋激烈的现代社会，银行产品和服务高度趋同，利润率递减效应更加明显。客户不仅关注服务内容的多样性，而且更关注服务的质量、效率和安全性。而网点是商业银行树立良好形象的关键场所。

醒目的银行标志、宽敞的商务房、舒适的环境、亲切的态度和较高的专业水准，都会为客户带去良好的体验，给客户留下深刻的印象。客户会快速评估银行的服务水平，这对客户未来的金融决策有很大影响。

（二）提供产品和服务的主要平台

银行业有着实体经济和虚拟经济两重属性。实体银行机构是商业银行的门面，也可以说是商业银行服务的主要窗口和执行单位。客户可以通过线下门店获得优质、人性化、个性化的银行服务，而且柜台服务安全性高。而虚拟金融机构可以为客户提供快捷、全面的银行服务，客户可以随时随地以任何方式获得银行服务。

（三）科技创新运用的重要场所

网点作为商业银行开展服务与日常运营的重要实体，有很多经营场景可以进行信息技术改造，而对信息科技的需求也推动了商业银行系统技术水平的不断升级。在数字化浪潮的冲击下，虽然银行实体网点呈收缩趋势，但这并不意味着银行业务在收缩。银行要借助数字化的方式为客户提供多样化的业务办理渠道，以适应更加激烈的市场竞争。银行应加快科技应用的步伐，充分利用人工智能、5G通信等前沿科技，对网点进行数字化改造，以满足用户多样化的服务需求。

（四）人力资源的主要储备来源

商业银行的网点是商业银行最主要的服务窗口，是最重要的对外平台。由此，网点需要大量高素质的人员来进行维持。换句话说，基层网点往往占用了商业银行大部分的人力资源。每年应届生求职季，都有很多应届毕业生想进入商业银行的总行机构，而不是到基层网点工作。可是从商业银行的自身特点来看，要满足这种需要显然是不现实的。人力资源只可能大量集中在基层网点，因为每一个机构都是重要的利润来源，是银行运作的基石。

（五）核心客户资源的开发和维护

无论历史或地域因素如何，每个商业银行分支机构在开发和留住关键客户资源方面都发挥着不可替代的作用。通过多元化的人脉网络形成的客户关系是商业银行分支机构未来运营的重要资本，开发新客户也是商业银行分支机构的一项重要职责。

四、商业银行营业网点的法律地位

商业银行的基层网点是商业银行的组成部分，基层网点不具备法人资格。我国

《商业银行法》第二十二条规定:"商业银行分支机构不具有法人资格,在总行授权范围内依法开展业务,其民事责任由总行承担。"

这意味着商业银行分支机构:①不能有独立于本商业银行的法人地位,只是在本商业银行直接管理下的分支机构;②不能有独立于本商业银行的名称;③不能有独立于本商业银行的资产;④不能独立承担民事责任,其债务由本商业银行负责清偿。这样规定的目的在于保护银行债权人的利益。

五、商业银行营业网点的分类管理

网点根据实际业务需求分为几种不同的类别,不仅突出银行在特定领域的专业服务能力的优势、细节,并且有效保障银行网点的精准服务能力,避免银行因为过分多元化而导致服务水平低下。

(一)根据商业银行网点的功能构成划分

(1)全功能网点。拥有最完整的业务网络,运营所有银行业务,并根据银行的经营资源和地理位置优势,为客户提供合理而又相对全面的银行服务。

(2)专业性网点。只面向某一类或者几类人群,或只针对性地服务某些团体或特定区域。

(3)社区银行。社区银行立足于当地市场和客户,以零售金融为主要业务。

(二)依据银行网点的建设质量划分

按照这种划分标准,网点可以分为精品网点和一般网点。一般与精品之分由其可以提供的服务所决定,主要的研判标准有以下三点。

一是形象"精品"。一个优质的网点首先要有一个"精品"的形象,可以分为内外、软硬之别。内部形象体现为整洁、风格化、美观的店面,外部形象主要由客户来评判,主观上不由银行本身决定,是口碑的具象化。软形象体现在员工的优质服务、职业素养上,硬形象体现在银行的硬件设备上。为了构建高质量的网点,银行需要内外兼修,同时注意软硬兼顾。

二是服务"精益"。作为精品网点,必须在服务上下足功夫,必须将先进的服务理念与良好的服务技术相结合。网点建立之初,就要将优质服务的理念植入基层网点工作人员心中,深入发掘自身的服务优势,积极参与市场竞争,不断推动网点营运能力的升级,赢得客户青睐。

三是管理"精细"。打造精品网点,就需要以高效的运营机制和完善的管理流程,提升网点的核心竞争力,对服务的内容、方法和优势进行有效梳理。

第二节 商业银行营业网点的设置与选址

一、选址的基本原则

(一)成本核算原则

由于商业银行具有企业属性,其终极目标是追求利润最大化,满足股东、客户和员工利益,所以效率优先、集中管理的企业管理原则也适用于银行。银行还必须坚持包容性和可扩展性相结合的发展道路,重点是包容性发展,释放现有潜力,实现一定投入下的最高产出。因此,要强调单个分支机构的业务拓展能力,保证强大的市场开拓能力,确保业务指标和增速在当地同行业中处于较高水平。未来,要转移网点建设的重心,一边维持一定规模的线下网点,一边增设自助银行、ATM等先进设备,增加金融科技的应用场景,以获取更多客户。与此同时,银行的职能也逐渐从经营型转向服务型,利用更先进的技术提供金融产品,满足客户需求,赢得更多客户。

(二)整体布局原则

银行的整体布局通常与其经营战略挂钩,决定着未来很长一段时间内银行的基本走向与发展逻辑。银行应选择经济较为发达、市场容量较大或者潜力较大、业务发展势头较猛的地区作为网点整体布局的核心考量区域。与此同时,决策者还需要以动态的视角来观察城市的发展,需要了解城市规划与未来建设项目基本情况,有前瞻性地了解未来发展状况,做好网点整体布局,走在时局发展的前面,构建全方位、高科技、多功能的网点服务体系。

(三)以客户为中心原则

客户的市场需求是网点需要考虑的重要因素。在网点建设过程中,需要注意调整网点结构,提升网点的综合效益。还需要顺应经济发展趋势,顺应科技发展潮流,逐步升级网点,以便更好地服务客户。网点也需要进一步完善功能,提供更加细致的服务,不断提高科技含量,使客户需求得到进一步满足。

(四)符合监管政策原则

中国人民银行审批同城营业网点的原则是:合理布局、适度竞争;与当地银行业发展水平和经营状况相适应;满足当地社区对银行服务的需求。若是商业银行需要正常运行营业,就必须严格遵循以上原则,落实监管部门的要求。否则,没有监管支持的早期运营将更加低效。

二、选址的实际操作

银行网点的选址并不是随机的或者随心所欲的。科学的银行网点选址策略一般分两步走。首先划分一般服务范围,由此确定银行网点的大致位置;然后根据前期工作得出的大量数据和大致范围,来精确化营业位置。

(一)划分大致的服务范围

银行的设立绝对不是盲目的,需要遵循一定的需求导向。首先要找到一定的服务区域,定位一类或多类服务人群。一般来说,一个银行的服务区域可以以城镇为单位,也可以以某个工业区为单位,这些地方都能提供足量的客户,满足银行网点的正常运行要求。大城市中心的银行服务区可能比中小城市要小,这取决于城市规模与其内部复杂程度。为了明晰银行的服务范围,有必要收集和估计工业、商业、流动人口、其他银行状况等基本信息。收集信息后,使用模型测算银行的业务规模,计算投资回报。盈利能力应不低于本市银行分行的平均水平。

关于如何确定服务范围,有如下几点考虑。

(1)人口特征。比如,现有常住人口、计划常住人口、中产家庭人口、家庭收入分布和就业特征、房主与租房者的比率等。此类信息可以用于估算服务范围内潜在客户的规模,评估居民储蓄和个人贷款的潜力。

(2)工业结构。随着地区工业化的进行,当地会出现相当数量的工业企业。这些工业企业的从业者具有多种属性,比如从业的人数与年限、从业的数量与性别比例、每年的生产效益等。这些属性都能够被用来对目标地点的工业企业的银行服务需求进行评估。

（3）商业结构。商业通常与工业齐称，属于第三产业。工业企业通常也需要商业行为来实现收益的创造。这里的商业结构包括商业单位、零售单位，还包括服务机构与批发商等。商业结构基本情况可用于判断服务区域内商业企业的存款与贷款潜能。

（4）政府机关结构。政府机关是国家社会治理的重要主体，也是银行金融服务的重要客户。了解所在城市中政府机关的位置、规模、结构，可以对当地银行业未来的竞争情况作出初步判断。

（二）确定详细的营业地址

收集了以上信息之后，需进行初步的分析，以便能够确定大致的服务范围，然后需要进一步开展调查活动明确具体地点。此时，人流量、通畅性、视觉识别度和物业成本等便成了需要重点权衡的因素。

（1）人流量。大多数银行机构更倾向于设在中央商务区，主要通过个人VIP客户吸收更多的个人储蓄和拓展公司业务。

（2）通畅性。通畅性要求银行决策以客户视角思考街区、交通、地形等多种因素的便利性问题。便利性越好的地区，银行网点的价值越高。

（3）视觉识别度。银行网点的建立还需要从视觉传达方面进行考虑。能够被一眼注意到并且可能成为标志性建筑的网点显然是非常有利的，不仅方便顾客，还能在一定程度上吸引更多的潜在客户。

（4）物业成本。银行网点的运营需要考虑物业成本，但不能只考虑成本高低。比如物业成本高但地段好的银行网点，相比那些物业成本低但对客户来说位置极为不便的网点投资回报更高。对银行决策者来说，新开设银行网点应多采用租赁模式而不是购买模式，以避免决策失误的风险。

第三节　商业银行的创新服务渠道

银行业不断将现代技术应用于传统服务，促进服务渠道创新，先后推出了一系列技术产品——自助银行、网上银行、电话银行、手机银行、电视银行、pos终端等，可以为客户提供多层次、多渠道的全天候服务。

一、移动渠道

移动渠道是一种由客户的个人电脑、电视、电话、打印机等组成的网络服务渠道。客户能够足不出户地享受部分银行网点服务,极大地提高了银行服务的便利性。

(一) 电话银行

电话银行是商业银行基于现代计算机和通信技术开发的以客户电话终端为媒介的服务渠道。它是一种与电话网络相连的面向客户的银行计算机系统。电话银行需要客户通过语音或者手机电话的按键来完成银行业务的远程操作。从电话银行中衍生出的手机银行更是逐步完成了对电话银行的整体颠覆与取代,体现出极大的便利性。最近几年,由于互联网日新月异的发展,我国银行业大力引进新技术,不断地拓展电话银行的应用范围:由开展简单的代客查询、转账等服务,发展成全方位的自助服务中心。此外,电话银行也提供人工坐席服务,为客户提供引导,受理咨询、投诉,是客户和银行联系的重要渠道。

(二) 手机银行

手机银行是通过银行的业务系统、移动通信网络和客户手机,为客户提供相关服务的服务渠道。手机银行是继网上银行、电话银行后开发出的又一种服务方式。它拓宽了银行服务时间范围,相当于在无形中增加了银行网点,实现了真正意义上的 7×24 小时全天候服务,具有"随时、随地、贴身、快捷、方便、时尚"的特性。手机银行主要采取 STK、SMS、BREW、WAP 等技术实现方式,服务内容主要包括查询缴费业务、购物业务和理财业务三类。其中,查询缴费业务包括账户查询、余额查询、账户明细查询、转账、代缴水电费和电话费等;购物业务,指客户将手机信息与银行系统绑定后,通过手机银行进行平台购物;理财业务,包括售卖银行理财产品、代销基金等。手机银行作为重要的数字化展示窗口和获客入口,正成为最贴近用户的一种服务方式。手机银行体现了银行在战略、技术、运营、产品、品牌等各方面的综合实力。从2021年年报来看,工商银行、建设银行、农业银行分列手机银行个人客户总数前三,总计已超12.86亿户。工商银行披露,本行个人手机银行客户突破4.69亿户,手机银行网点业务替代率已超90%。建设银行个人手机银行用户数为4.17亿户,较2020增长7.52%。截至2021年年末,农业银行手机银行注册客户超过4亿户。

二、网络渠道

(一) 网上银行

网上银行是指银行利用互联网技术向客户提供多种金融服务的服务渠道，它不受时间和空间的限制，可以使客户足不出户享受高速、安全和便捷的金融服务。在互联网迅速普及的今天，我国网上银行的功能不断丰富，客户群体逐步壮大，安全措施更加严密，网上银行呈迅猛发展态势。目前，网上银行已具备购买理财产品、个人综合签约、贷款理财、贵金属交易、网上支付等多项功能，不再局限于单一的查询、转账功能。仅从转账功能来看，跨行转账、超级网银已代替了原来的行内转账。超级网银功能十分强大，包括跨行账户查询、同城和异地跨行转账等，它的重要特点是实时到账，实现了各商业银行网银系统的互联互通。我国互联网用户大量增加的同时，电子购物也逐渐成为最热门、最时尚的购物方式，且呈快速发展态势。网上银行所提供的电子支付是银行卡支付渠道创新的重要体现，在电子商务商情沟通、资金支付和商品配送三大环节中起关键作用，也是连接买卖双方的纽带。

(二) 电视银行

电视银行是以与银行联网的电视机与机顶盒为客户终端，以可刷卡的遥控器为操作工具办理各种银行业务的服务渠道。建立视讯宽带网，是其必要条件，目前已有部分商业银行携手有线电视运营商推出电视银行业务，提供银行卡余额及明细查询、自助转账、代理缴费等功能，还支持购买彩票、慈善捐款、订阅报刊等业务。电视银行目前仅在部分地区的部分银行开展，客户可以根据各自地区的实际情况有针对性地选择该项业务。

> **拓展阅读**
>
> **六大行手机银行移动端竞争激烈**
>
> 随着银行手机App的不断更新迭代，手机银行正成为传统商业银行满足用户金融需求、构建数字场景生态、打造自身品牌的重要窗口和依托。在银行业务基本实现线上化的今天，如何通过提升客户体验打造核心竞争力已成为银行角逐的重点。
>
> 国有六大行发布的2022年半年报显示，工商银行、农业银行、建设银行的手

机银行个人客户总数排名前三。具体来看，截至2022年6月末，工商银行个人手机银行客户规模达到4.88亿户；农业银行个人掌银注册客户数达4.34亿户，较上年末增加0.24亿户；建设银行个人手机银行用户数为4.28亿户，同比增长2.63%；邮储银行手机银行客户规模突破3.35亿户；中国银行手机银行注册用户规模超过2.4亿户。

手机银行作为银行零售业务的重要前端渠道，受到各家银行的格外重视，各家银行竞相通过优化用户体验、升级功能服务、开放场景生态等形式，扩大客群规模，提升客户活跃程度。半年报显示，今年上半年，农业银行、工商银行、建设银行的月活用户数分别为1.64亿户、1.6亿户、1.56亿户，其中，移动端月活用户（MAU）均超1亿户。中国银行、邮储银行、交通银行的月活用户数分别为7300万户、4900万户、4054.82万户。

从国有六大行披露的半年报数据来看，工商银行、农业银行、建设银行的手机银行个人用户数均超4亿户，在移动端的争夺非常激烈。这三家银行的手机银行月活用户均超1.5亿户，实属不易。当移动端用户量达到饱和之后，要实现用户新增将变得非常困难，如何将存量用户转化成活跃用户是各家银行未来关注的重点。

近年来，商业银行在打造手机银行平台方面的投入不断加大。各家银行在不断升级手机银行功能和界面的同时，也在财富管理与应用场景融合方面不断发力，持续提升用户体验。比如，工商银行表示要全面建设"最好手机银行"，将手机银行App建设作为全行基础性工程与"第一个人金融银行"战略支撑，加快服务、场景、运营等方面创新。

多家银行在半年报中提出，要根据不同客户群体的需求，推出相应的手机银行版本。其中，邮储银行表示，要优化完善手机银行功能，推进新一代手机银行"三农"版建设，进一步加大手机银行县域推广力度，以"千县万镇十大场景百万商户"为主线，扩大移动支付在县域农村的覆盖面。建设银行表示，将积极对接全国各省市政务服务，打造手机银行政务服务中心，建设银行手机银行首页及生活频道集中展示当地公积金、养老金、社保、医保、交通罚款、缴税等便民政务服务，用户可以通过手机银行一站式办理金融及政务业务。

谈及手机银行未来的发展趋势，某金融行业高级分析师表示，预计未来手机银行有两大发展方向：一是瞄准公积金客户、工资代发客户、新市民客户、高净值客户等特定人群，有针对性地设计特色产品；二是打造特色场景，通过内部自建银行电商或与外部电商平台合作，为客户提供更加丰富的线上购物选择，线下则可通过商圈、企事业单位的联合，助力更多B端场景升级。

> **阅读分析**
>
> 在移动化背景下,客户的金融消费行为发生了深刻变化,对商业银行线上服务能力提出新的要求。银行不再是单纯地提供柜台服务,而是要进行数字化转型。一家银行数字化转型是否成功,很重要的一方面是看其手机银行做得好不好。银行只有打造强大的手机银行App,才能更好地触达客户,真正地让银行服务无处不在,进而为客户提供更好的服务。
>
> 资料来源:李冰,余俊毅,《六大行手机银行业务"半年考":月活用户4000万起步 移动端竞争激烈》,http://www.zqrb.cn/jrjg/bank/2022-09-03/A1662168985602.html,2022年9月30日。

▶ 商业银行运营沙盘

在商业银行运营沙盘中,存款的来源渠道有柜台渠道、移动渠道和网络渠道三种。移动渠道的建设需要花两期时间,网络渠道建设需要花一期时间,每期都需要投入100万。建议各银行团队不要节省网络渠道和移动渠道的投资费用,因为如果不投资建设网络渠道和移动渠道,那么该银行在后期存款业务抢单时将无法获得来自这两个渠道的存款单。图2-1展示了商业银行沙盘运营中存款单的不同来源渠道。

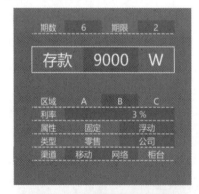
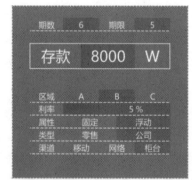
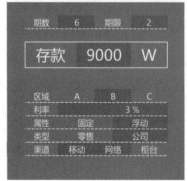

图2-1 存款单的不同来源渠道(沙盘示例界面)

本章小结

1.营业网点是指商业银行设立的分行以下（不含分行）提供金融服务的营业性支行、自助银行设施。

2.实体网点的存在形式包括支行（含分行营业部）、储蓄所、分理处等。

3.商业银行基层网点选址的基本原则有成本核算原则、整体布局原则、以客户为中心原则和符合监管政策原则。

4.银行网点的选址要根据人口特征、工业结构、商业结构和政府机关结构来划定大致的服务范围。

5.银行网点的具体营业地址要根据人流量、通畅性、视觉识别程度和物业成本等来考虑。

6.除了实体网点，银行还有自助银行、网上银行、电话银行、手机银行、电视银行、pos终端等其他服务渠道，可以为客户提供24小时全天候服务。

实训练习

根据招商银行官网信息，列出招商银行的总行、一级分行和二级分行以及在本市的实体网点。结合本章拓展阅读材料，查找并归纳招商银行除了实体网点以外的服务渠道。

第三章　商业银行存款业务

存款是几乎所有银行最重要的资金来源，体现了银行与其他金融机构的区别。银行能从企业和居民处吸收存款的能力，可以作为衡量其受公众认可程度的重要标志。存款也构成了银行贷款的主要资金来源，是银行利润的源泉。本章主要讨论银行存款类型的负债业务。第一节概述了存款业务的组织与管理，第二节和第三节分别介绍了我国商业银行主要的对公存款业务和个人存款业务。

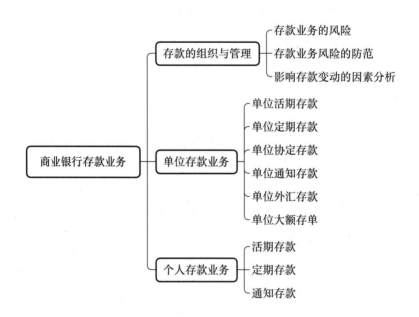

第一节 存款的组织与管理

一、存款业务的风险

银行是高负债的经营企业，存款是银行的主要负债。存款的风险是指商业银行在组织存款业务过程中所面临的风险，是商业银行在其经营过程中面临的众多种类的风险之一。

（一）流动性风险

存款的流动性风险即存款的清偿风险，是指银行因没有足够的现金满足客户提取存款的需要，而使银行蒙受信誉损失甚至遭挤兑倒闭的可能性。存款者经常只是简单地比较利率，并在不同的投资工具间转移资金以取得最高的收益率。银行建立能抵挡住利率诱惑的长期客户关系变得越来越困难。

（二）利率风险

存款的利率风险是指市场利率变动给银行带来损失的可能性。银行的收益大部分来源于利差。利率市场化增加了投资者的短期存款收益，且投资渠道不断增加，余额宝等互联网理财产品也在此背景下应运而生。在此背景下，商业银行的短期负债成本显著上升，同时利息差不断收窄，商业银行间的竞争不断加剧。

（三）电子网络风险

存款的电子网络风险是指联网计算机遭遇断电停机、电脑黑客攻击等造成数据资源损失和款项丢失的风险。随着电子网络的普及，这种风险近年来上升较快。

二、存款业务风险的防范

（一）理性控制负债规模

理性控制负债规模是限制负债成本、提高经营效益的需要。一般而言，盲目的负债扩张总是伴随着负债成本的增加，因为在银行普遍存在负债扩张动机而社会现有可动员资金存量又有限的情况下，银行要想争取更大的负债份额，就不得不付出更高的代价。

（二）改善和优化负债结构

负债规模的理性控制是科学管理必须满足的基本要求之一，在合理控制负债规模的前提下，商业银行还必须注意负债结构的优化调整。改善负债结构，重点是改善存款结构，比如扩大无息负债规模，无息负债是办理汇兑、信用卡、汇票、本票结算过程中产生的暂存款项，包括汇出款、结算保证金、应解汇款等，银行对这部分资金的占用是无息的，其比重虽小，却不应忽视。

（三）加强存款成本管理

成本风险是存款业务的主要风险，所以加强存款成本管理、最大限度地降低存款成本，是防范存款风险的重要一环。存款成本主要由利息支出和费用支出两部分构成。

1. 利息支出管理

利息支出是存款成本最主要的构成部分，影响利息成本的主要因素是存款利息率和存款结构。在确定存款利率和管理利息支出方面，商业银行既要考虑是否有利于吸引客户，是否有利于进行存款竞争，还要考虑自身的利息成本负担。那种不顾利息成本高低，一味通过提高或变相提高存款利率来进行存款竞争的做法是不可取的。

存款结构对存款的利息成本也具有重要影响。一般来说，定期存款利率高于活期存款利率。定期存款中，长期存款利率又高于短期存款利率。因此，若仅从降低存款利息成本的角度出发，商业银行无疑应提高低利率存款在存款总额中的比重。当然，活期存款的比重也不能过大，否则对提高存款的稳定性、减少存款的流动性风险会产生极为不利的影响。

2. 费用支出管理

这里的各项费用是指银行花费在吸收存款上的除利息以外的一切开支。一般来说，在存款业务中，每笔存款的金额越大，存款的费用率相应就越低，这种规模效应要求银行应将发展、巩固存款大户作为存款经营的重点。另外，存款种类对存款费用也有不同的影响，活期存款存取频繁，银行支付的服务和成本费用比定期存款要高，因此，银行对不同种类的存款在管理上要有所区别。

（四）努力建立稳定的客户群

商业银行在存款风险管理中，要保持较稳定的存款规模和资金来源，减少存款的流动性风险，既要与原有客户建立良好的合作关系，又必须挖掘潜力，争取新的存款人。其中最关键的是商业银行必须要有一定规模的优质客户群。为此，商业银行在激烈的竞争中，必须在充分研究自己、竞争对手、市场状况的基础上，合理地进行发展定位，并制定相应的策略。

（五）实施存款保险制度

商业银行存款的最大风险是流动性风险。商业银行除可通过增强资金实力、优化存款结构、规范存款竞争、提高资产质量等来防范流动性风险外，还可通过参加存款保险来解决这一问题。为了建立和规范存款保险制度，依法保护存款人的合法权益，及时防范和化解金融风险、维护金融稳定，中华人民共和国国务院于2015年2月17日发布《存款保险条例》，自2015年5月1日起施行。

▶ 拓展阅读

存款保险制度问答

问：存款保险的保费谁来交，按什么标准交？

答：存款保险的保费由投保的银行业金融机构交纳，存款人不需要交纳。存款保险实行基准费率与风险差别费率相结合的制度。费率标准由存款保险基金管理机构根据经济金融发展状况、存款结构情况以及存款保险基金的累积水平等因素制定和调整，报国务院批准后执行。各投保机构的适用费率，则由存款保险基金管理机构根据投保机构的经营管理状况和风险状况等因素确定。实行基准费率和风险差别费率相结合的费率制度，有利于促进公平竞争，形成正向激励，强化对投保机构的市场约束，促使其审慎经营，健康发展。综合考虑国际经验、金融机构承受能力和风险处置需要等因素，我国存款保险费率水平将低于绝大多数国家存款保险制度起步时的水平以及现行水平。

问：50万元的最高偿付限额是怎么确定的，偿付限额以上的存款是不是就没有安全保障了？

答：确定存款保险的最高偿付限额，既要充分保护存款人利益，又要有效防范道德风险。从国际上看，最高偿付限额一般为人均国内生产总值（GDP）的2

至5倍。条例规定的50万元的最高偿付限额，是中国人民银行会同有关方面根据我国的存款规模、结构等因素，并考虑我国居民储蓄意愿较强、储蓄存款承担一定社会保障功能的实际情况，经反复测算后提出的，这一数字约为2013年我国人均GDP的12倍，高于世界多数国家的保障水平，能够为99.63%的存款人提供全额保护。同时，这个限额并不是固定不变的，将根据经济发展、存款结构变化、金融风险状况等因素，经国务院批准后适时调整。

需要特别说明的是，实行限额偿付，并不意味着限额以上存款就没有安全保障了。按照条例的规定，存款保险基金可以用于向存款人偿付被保险存款，也可以用于支持其他投保机构对有问题的投保机构进行收购或者风险处置。从已建立存款保险制度的国家和地区的经验看，多数情况下是先使用存款保险基金支持其他合格的投保机构对出现问题的投保机构进行"接盘"，收购或者承接其业务、资产、负债，使存款人的存款转移到其他合格的投保机构，继续得到全面保障。确实无法由其他投保机构收购、承接的，才按照最高偿付限额直接偿付被保险存款。此外，超过最高偿付限额的存款，还可以依法从投保机构清算财产中受偿。

问：在什么情况下存款人有权要求偿付被保险存款？

答：从法律制度上明确在什么情况下存款人有权要求偿付被保险存款，对于保障存款人利益非常重要，也是存款人十分关心的问题。为此，条例明确规定了存款人有权要求存款保险基金管理机构使用存款保险基金偿付被保险存款的情形：一是存款保险基金管理机构担任投保机构的接管组织；二是存款保险基金管理机构实施被撤销投保机构的清算；三是人民法院裁定受理对投保机构的破产申请；四是经国务院批准的其他情形。为了保障存款人及时获得偿付，条例还明确规定，存款保险基金管理机构应当在上述情形发生之日起7个工作日内足额偿付存款。

资料来源：《人民银行解读〈存款保险条例〉》。

三、影响存款变动的因素分析

要保持存款的稳定增长，首先应弄清影响存款变动的因素。分析影响存款变动的因素可以从内部和外部两个方面进行。

（一）影响商业银行存款变动的内部因素

（1）存款利率。对单个银行来说，提高存款利率能增加存款对客户的吸引力，从而扩大存款的规模。但从整个银行体系来看，如果所有的商业银行都竞相提高存款利率，会使存款的平均成本不断上升，在贷款利率不能随之提高的情况下，银行便无法利用合理的存贷利差获取正常的利润，甚至出现存贷利差倒挂使银行面临亏损，因此通过提高存款利率来增加存款，作用往往是有限的。西方国家一般采用间接方式来利用利率因素增加存款：一是调整存款结构，减少不支付利息的活期存款比重，增加付息的定期存款和储蓄存款比重；二是创立新的存款形式，如大额可转让定期存单等。

（2）银行服务。增加服务项目、提高服务质量是银行争取存款的一个重要手段。银行可以不断推出新的服务项目，提供高质量的服务内容，以吸引客户，调动客户存款的积极性。特别是对那些存款大户，更须从存款品种、结算、代理、咨询、信贷等方面展开全方位的服务，以稳定存款来源。

（3）银行的实力和信誉。在其他条件相同的情况下，客户更愿意将款项存入那些经济实力雄厚、信誉卓著的银行。

（4）银行对客户的贷款支持。能否在需要时取得贷款，往往成为客户选择银行的一个重要条件。如果银行能够科学高效地提供贷款，那么其对存款的吸引力就大，相反的话吸收存款的能力就会受到影响。

（5）存款种类。从某种意义上说，银行在存款竞争中能否处于有利地位，关键是看它是否适应客户的需求，能否为客户提供品种齐全、形式多样的存款服务。

（6）银行与社会各界的关系。银行与社会各界的关系主要包括业务关系和人事关系。业务关系是指银行与企业界、个人及同业之间在业务上形成的关系。人事关系是指银行与其他组织或个人发生联系的另一种形式，具有一定的感情色彩。银行与社会各界的联系越密切，对增加存款就越有利。

（二）影响商业银行存款变动的外部因素

（1）经济发展水平和经济周期。经济发达、货币信用强劲的国家和地区，商业银行存款规模通常较大；经济欠发达、信用关系简单的国家和地区，商业银行存款规模也相应较小。在经济周期的不同阶段，银行吸引存款的难易程度也有很大的差别。

（2）金融法规。为了协调经济发展，稳定金融秩序，各个国家都制定有专门的法规来约束商业银行的行为。如果一个国家和地方政府对银行在业务范围、机构设置、存款利率方面的限制较少，银行存款的增长就快；反之则不利于存款的增长。

（3）中央银行的货币政策。中央银行货币政策的调整，会直接或间接地对商业银行的存款发生影响。如中央银行提高或降低法定存款准备金率、增加或减少再贷款的规模、提高或降低再贴现率，都会影响商业银行的信用扩张能力和资金运用情况，从而使存款数量发生变化。

（4）人们的消费习惯和偏好。由于生活环境、文化背景、社会制度等方面的差异，人们的消费习惯和偏好各不相同，这必然会反映在对待存款的态度上。如果银行设置的各种存款能够得到不同收入层次、不同年龄层次、不同文化层次和不同习惯偏好的众多存款人的喜爱，银行存款就会增加，银行就能占有较大的市场份额。

| 案例分析

商业银行的存款成本管理

存款是各家商业银行的立行之本，存款成本管理关系着银行的竞争优势。不同类型的商业银行，存款基础不同，从而存款成本也有所差异。六家大型国有商业银行（工商银行、农业银行、中国银行、建设银行、交通银行、邮储银行）存款成本整体处于上市银行中较低水平。由于交通银行的网点基础弱于其他大行，因此其存款成本更高。

不可否认的是，银行的存款成本、存款规模很大程度上取决于其网点覆盖广度和深度、客群定位、规模实力等资源禀赋。国有大型商业银行网点布局广、覆盖深、规模大、实力强，作为行业龙头，其存款负债基础较好。股份制商业银行网点基础和规模实力弱于六大行，吸收存款的能力自然不及大行。城市商业银行是区域性经营的商业银行，负债端存款基础较差，同时资产端可获取的贷款客户资质通常也不及大行和股份行。农村商业银行深耕当地，网点下沉，业务集中在金融可得性较差的区域和人群，存款对贷款的支撑能力最强。

零售存款的吸收在很大程度上依赖于银行自身的网点基础，在这一点上，大行与农商行优势非常明显。而作为"零售之王"的招商银行，其零售存款成本管理更是行业领先。招行通过一系列优质的产品和服务获取了海量客户，包括一卡通、一网通、信用卡、金葵花理财、财富账户、掌上生活App等。一方面通过自身财富管理的领先优势，形成了庞大的资产管理规模，产生了大规模的中间业务收入，另一方面则积淀了大量优质的储蓄存款，零售存款中活期率达到65%左右，形成了低成本的负债优势。

对公存款成本管理水平也可以体现出银行间资源禀赋与业务特色的差异。商业银行对公存款一般可通过授信切入、债券承销、资产托管等途径进行拓展。授信是银行切入客户的前提，一旦客户与银行建立了授信关系，银行就获得了营销存款账户、结算、代理和理财等业务的机会，从而形成各类存款、理财及中间业务产品等。特色业务的开展也能带来对公存款的沉淀。例如平安银行的供应链金融业务，通过特定的业务模式，引导客户的结算存款归行，进而带来对公存款增长，降低存款波动性。

表 3-1 展示了我国主要商业银行近年来的银行存款成本率。

表 3-1 主要商业银行存款成本率

	2021	2020	2019	2018
工商银行	1.62%	1.61%	1.59%	1.45%
建设银行	1.67%	1.59%	1.57%	1.39%
交通银行	2.10%	2.20%	2.35%	2.27%
邮储银行	1.63%	1.59%	1.55%	1.41%
招商银行	1.41%	1.61%	1.58%	1.45%
平安银行	2.04%	2.23%	2.46%	2.42%
宁波银行	1.83%	1.86%	1.88%	1.80%

数据来源：各公司财务报告。

最近几年，平安银行持续优化存款结构，推动存款成本率大幅下降，逐渐在行业竞争中显现优势。如表 3-1 所示，2019 年至 2021 年，平安银行吸收存款成本率从 2.46% 下降至 2.04%，优化幅度在主要股份行当中位列第一。其中，对公存款经过持续下降后成本率低至 1.96%，在同一梯队股份行当中仅次于招商银行。零售存款成本率从 2.62%，下降至 2.30%。图 3-1 显示了平安银行的存款成本基本情况。

图 3-1 平安银行的存款成本

平安银行是如何实现存款成本下降的呢？这背后主要得益于平安银行从存款结构出发，做了两个优化：第一，压降高利率的结构性存款；第二，提升低利率活期存款的占比。

随着2019年监管层规范商业银行结构性存款业务后,平安银行积极响应号召,大幅压降了高利率的结构性存款。在压降高利率结构性存款的同时,平安银行也在不断提升低利率活期存款的占比。2019年至2021年平安银行活期存款占比从31.1%提升至37.3%。活期存款占比的提升,进一步推动了存款成本的下降。

过去几年,平安银行一直以客户为基础,强化开放银行生态获客和综合金融服务,提升客户黏度,进而拓展出更多低成本活期存款。在对公业务上,平安银行则通过交易银行、供应链金融和复杂投融等沉淀活期存款。

案例思考

商业银行应该如何控制存款的成本,同时吸收更多低成本的资金来源?

商业银行运营沙盘

商业银行在运营中,应对存款成本进行精细化管理。在商业银行运营沙盘规则下(参考第十章《商业银行运营沙盘规则》),对公存款的成本低于零售存款,但是对公存款的营销费用是零售存款的两倍。根据存贷款利率预测表(见表3-2),以标准六期模型的第一期为例,预期的零售存款平均利率为5.7%,对公存款平均利率为5.3%。同样吸收8000万元的存款,零售存款每年的成本比对公存款高32万元。但是零售存款的营销费为160万元(营销费用是存款金额的2%),对公存款的营销费为320万元(营销费用是存款金额的4%)。因此对公存款的期限必须达到5年及以上,节省的存款成本才能覆盖高出的营销费用。

表3-2 存贷款利率预测

利率类型	第1期	第2期	第3期	第4期	第5期	第6期
零售存款平均利率	5.7%	5%	5.9%	6.5%	5.8%	5.8%
对公存款平均利率	5.3%	4.4%	5.1%	6%	5.5%	4.8%
贷款平均利率	13.8%	13.9%	12.3%	15.7%	15.2%	14%

在商业银行运营沙盘中,存款的成本包含利息成本和营业成本。利息成本计息方式有两种:一是固定利率计息,二是浮动利率计息。营业成本是指花费在吸收存款上的除利息之外的一切开支,包括广告宣传费、员工的工资薪金、办公费用、设备折旧摊销计提额等。在沙盘中,营销费用属于营业成本的一种,商业银行在存款管理中,要综合考虑每笔存款的营销费用和利息费用,做到精细化管理。

第二节 单位存款业务

单位存款是商业银行以信用方式吸收的企事业单位的存款，是商业银行存款的重要来源之一。

一、单位活期存款

单位活期存款是一种随时可以存取、按结息期计算利息的存款，其存取主要通过现金或转账办理。活期存款账户分为基本存款账户、一般存款账户、临时存款账户和专用存款账户。这种存款的特点是不固定期限，客户存取方便，随时可以支取。

（1）基本存款账户。基本存款账户是存款人因办理日常转账结算和现金收付需要而开立的银行结算账户，是存款人的主办账户。存款人日常经营活动的资金收付及其工资、奖金和现金的支取，都通过基本存款账户办理。

（2）一般存款账户。一般存款账户是存款人因借款或其他结算需要，在基本存款账户开户行以外的银行营业网点开立的银行结算账户。一般存款账户用于办理存款人借款转存、借款归还和其他结算等资金收付业务。一般存款账户可以办理现金缴存，但不能办理现金支取。

（3）专用存款账户。专用存款账户是存款人按照法律、行政法规和规章，因对特定用途资金进行专项管理和使用而开立的银行结算账户，用于办理各项专用资金的收付。

（4）临时存款账户。临时存款账户是存款人因临时需要并在规定期限内使用而开立的银行存款账户。临时存款账户用于办理临时机构以及存款人临时经营活动发生的资金收付。

人民币活期存款按结息日挂牌公告的活期存款利率计息，计息期间遇利率调整则分段计息。

二、单位定期存款

定期存款是银行与存款人双方在存款时事先约定期限、利率，到期后支取本息的存款。定期存款用于结算或从定期存款账户中提取现金。客户若临时需要资金可办理提前支取或部分提前支取。

(1) 期限。单位定期存款期限分为一个月、三个月、半年、一年、二年、三年、五年七个档次；中资企业外汇定期存款可分为一个月、三个月、六个月、一年、二年五档。

(2) 利率。在存期内按存入日挂牌公告的定期存款利率计付利息，遇利率调整，不分段计息，具体利率参见"本外币存贷款利率表"。起存金额1万元，多存不限。

(3) 支取方式。①到期全额支取，按规定利率本息一次结清；②全额提前支取，银行按支取日挂牌公告的活期存款利率计付利息；③部分提前支取，若剩余定期存款不低于起存金额，则对提取部分按支取日挂牌公告的活期存款利率计付利息，剩余部分存款按原定利率和期限执行，若剩余定期存款不足起存金额，则应按支取日挂牌公告的活期存款利率计付利息，并对该项定期存款予以清户。

(4) 其他事项。单位定期存款存入方式可以是现金存入、转账存入或同城提出代付。起存金额1万元。

三、单位协定存款

单位协定存款是指客户与银行签订协定存款合同，开立结算账户，约定期限，商定账户基本额度，由银行对基本额度内存款按结息日或支取日活期存款利率计息，超过基本额度部分或符合条件的最低存款余额部分，按结息日或清户日协定存款利率支付利息的存款。

(1) 利率。单位协定存款账户按季结息，其中基本存款额度以内的存款按原结算账户约定的活期存款利率计息，超过基本存款额度的存款按双方合同约定的协定存款利率计息。期间遇利率调整，分别按照调整前后的活期存款利率和协定存款利率分段计息。

(2) 期限。单位协定存款合同的有效期限为一年。

四、单位通知存款

单位通知存款是指存款人在存入款时不约定存期，支取时须提前通知金融机构，约定支取日期和金额方能支取的存款。

(1) 适用对象。凡在开户行开立人民币基本存款账户或一般账户的企业、事业单位、机关、部队、社会团体和个体经济户等，只要通过电话或书面通知开户行的公司存款部门，即可申请办理通知存款。客户不需要约定存期，只需在支取时事先通知存款银行。

（2）种类。单位通知存款不管实际存期的长短，统一按存款人提前通知取款的期限长短划分为一天通知存款和七天通知存款两个品种。一天通知存款必须至少提前一天通知和约定支取存款，七天通知存款必须至少提前七天通知和约定支取存款。单位选择通知存款品种后不得变更。

（3）产品功能。①闲置资金保值增值；②银行信用作保障，按支取日的挂牌利率和实际存期计息，利随本清；③支取灵活，存入时不约定存期，可以一次或分次支取但余额不得低于起存金额，有利于满足资金的流动性需求。

五、单位外汇存款

单位外汇存款是指银行吸收境内依法设立的机构、驻华机构和境外机构外汇资金的业务。

（1）类别。按存款期限分为活期对公外汇存款和定期对公外汇存款。外汇定期存款可分为一个月、三个月、六个月、一年、二年五档；外商投资企业、国内外金融机构外汇定期存款，分为七天通知、一个月、三个月、六个月、一年、二年六档。七天通知存款的起存金额不低于50万美元。

按存款金大小分为小额外币存款和大额外币存款。根据银行协会规定，目前大额外币存款各币种起存金额分别为美元300万（含）、英镑200万（含）、欧元340万（含）、日元3亿（含）、港币2300万（含）、加拿大元440万（含）、瑞士法郎530万（含）。大额外币存款的基准利率和最高利率以国际金融市场同业拆借利率（LIBOR）为基准，参照银行协会和同业的利率水平进行调整。

（2）计息与结息。活期外币单位存款按季结息，结息日为每季末月的20日。定期外币存款利随本清，到期日前遇利率调整不分段计息。大额定期外币存款在到期日前若全部或部分提前支取，须事先征得银行同意。全部提前支取的利率按支取日银行业协会公布的活期存款利率执行。部分提前支取的，提前支取部分按支取日活期存款利率计息。未提前支取部分，如果达到大额外币存款的起存金额要求，按原期限、原利率计息；如果达不到起存金额要求，则按原定期限、原存入日银行业协会公布的利率计息。客户须与经办行约定是否办理到期自动转存；未约定的定期存款逾期部分按支取日活期存款利率计息。

六、单位大额存单

单位大额存单是指银行面向非金融企业发行的一种大额存款凭证。与一般存单不同的是，单位大额存单比同期限定期存款有更高的利率，并且在到期之前可以转让，其投资门槛高于普通定期存款。

（1）存入与支取。单位大额存单存入方式可以是现金存入、转账存入或同城提出代付。认购起点不低于1000万元。大额存单支取方式包括：①到期全额支取，按规定利率本息一次结清；②全额提前支取，银行按支取日挂牌公告的活期存款利率计付利息；③部分提前支取，剩余大额存单须高于起存金额，对提取部分按支取日挂牌公告的活期存款利率计付利息，剩余部分大额存单按原定利率和期限执行。

（2）期限。单位大额存单通常分为一个月、三个月、半年、九个月、一年、十八个月、二年、三年八个利率档次。

（3）利率。单位大额存单在存期内按照存入日利率计付利息，遇利率调整不分段计息。单位大额存单采用逐笔计息法计付利息。

▶ 商业银行运营沙盘

在商业银行运营沙盘中，存款业务被分为固定利率公司存款、浮动利率公司存款、固定利率零售存款和浮动利率零售存款四类，如图3-2所示。存单中标明了存款的金额和利率，期数表明该笔存款是银行运营到第几期吸收的，期限是存款的存期，区域表明该存款是在A区、B区还是C区获得。属性分为固定利率存款和浮动利率存款。类型分为零售存款和公司存款，不同类型的存款，其利率有所不同。渠道表明该存款是源于柜面业务，还是来自网络端或者移动端。

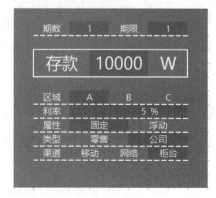

图3-2 沙盘存款单

第三节 个人存款业务

个人存款是指自然人将其所有或持有的货币资金存入银行形成的存款。商业银行办理个人储蓄存款业务，应当遵循存款自愿、取款自由、存款有息、为存款人保密的原则。

一、活期存款

活期存款是一种不限存期，凭银行卡或存折及预留密码即可在银行营业时间通过银行柜面或自助设备随时存取现金的银行产品。

二、定期存款

定期存款主要包括整存整取、零存整取、整存零取、存本取息、定活两便五类。

（一）整存整取

整存整取是指开户时约定存期，整笔存入，到期一次整笔支取本息的个人存款种类。50元起存，利息按存入时约定的利率计算，存期分为3个月、6个月、1年、2年、3年、5年。

（二）零存整取

零存整取是指开户时约定存期，分次每月存入固定金额（由储户自定），到期一次支取本息的个人存款种类。一般5元起存，每月存入一次，中途如有漏存，要在次月补齐。利息按实存金额和实际存期计算，存期分为1年、3年、5年。利息按存款开户日挂牌零存整取利率计算，到期未支取部分或提前支取按支取日挂牌的活期利率计算利息。

（三）整存零取

整存零取是指开户时约定存期，本金一次存入，固定期限分次支取本金的一种个人存款种类。1000元起存，支取期分为1个月、3个月及6个月。利息按存款开户日挂牌整存零取利率计算，到期未支取部分或提前支取按支取日挂牌的活期利率计算利息，存期分为1年、3年、5年。

（四）存本取息

存本取息是指开户时约定存期，整笔一次存入，按固定期限分次支取利息，到期一次支取本金的一种个人存款种类。一般5000元起存，可1个月或几个月取息一次，可以在开户时约定的支取限额内多次支取任意金额。利息按存款开户日挂牌存本取息利率计算，到期未支取部分或提前支取按支取日挂牌的活期利率计算利息，存期分为1年、3年、5年。

（五）定活两便

定活两便是指开户时不必约定存期，银行根据客户的实际存期按规定计息，可随时支取的一种个人存款种类。50元起存，存期不足3个月的，利息按支取日挂牌活期利率计算；存期3个月以上（含3个月）不满半年的，利息按支取日挂牌定期整存整取3个月的存款利率打6折计算；存期6个月以上（含6个月）不满一年的，整个存期按支取日定期整存整取6个月期存款利率打6折计息；存期一年以上（含一年）的，无论存期多长，整个存期一律按支取日定期整存整取一年期存款利率打6折计息。

三、通知存款

通知存款，是指存入款项时不约定存期，支取时事先通知银行约定支取日期和金额的一种个人存款方式。最低起存金额为人民币5万元（含），外币等值5000美元（含）。储户在开户时即可提前通知取款日期或约定转存存款日期和金额。个人通知存款须一次性存入，可以一次或分次支取，但分次支取后账户余额不能低于最低起存金额，当低于最低起存金额时银行将做清户处理，将其转为活期存款。个人通知存款按存款人选择的提前通知的期限长短，划分为1天通知存款和7天通知存款两个品种。

> **拓展阅读**

四大行启动养老储蓄试点

2022年7月29日,监管部门正式发布《关于开展特定养老储蓄试点工作的通知》(下称《通知》),明确由工商银行、农业银行、中国银行和建设银行四大行在合肥、广州、成都、西安、青岛五市开展养老储蓄试点,单家银行试点规模不超过100亿元,试点期限一年。

根据《通知》,特定养老储蓄产品包括整存整取、零存整取和整存零取三种类型,产品期限分为5年、10年、15年和20年四档,产品利率略高于大型银行五年期定期存款的挂牌利率。储户在单家试点银行特定养老储蓄产品中的存款本金上限为50万元。

《通知》提到,鉴于试点银行系统改造需要一定时间,试点开始时间为2022年11月左右。同时,试点银行应做好产品设计、内部控制、风险管理和消费者保护等工作,保障特定养老储蓄业务的稳健运行。

特定养老储蓄业务兼顾普惠性和养老性,《通知》要求试点银行建立试点工作领导机制,明确职责分工和管理架构,遵循"存款自愿、取款自由、存款有息、为储户保密"的原则,做好特定养老储蓄业务风险管理,有效防范风险。未来随着试点工作的持续开展,预计试点范围和规模将逐步扩大。

本章小结

1. 存款业务主要面临流动性风险、利率风险和电子网络风险。

2. 防范存款业务风险,要求理性控制负债规模,改善和优化负债结构,加强存款成本管理,努力建立稳定的客户群,参与存款保险。

3. 我国商业银行的对公存款业务主要包括单位活期存款、单位定期存款、单位协定存款、单位通知存款、单位外汇存款和单位大额存单。

4. 我国商业银行个人存款业务主要有活期存款、定期存款和通知存款。

实训练习

从国有商业银行、股份制商业银行、城市商业银行、外资银行中各自选出一家代表性的商业银行,通过查阅银行官网或其他公开信息,了解该行存款业务和存款服务有哪些,它们的特点是什么,不同类型的商业银行在存款业务方面是否有差异。

第四章　商业银行贷款业务

贷款业务是商业银行最重要的资产业务。在我国，贷款业务带来的收益占到银行总收入的四分之三甚至更多，相伴随的信用风险不容忽视。因此，贷款业务是银行监管部门的监管重点。本章分为三节，第一节介绍了企业贷款业务的主要类型和企业贷款业务的担保；第二节介绍了个人贷款业务的主要类别；第三节介绍了贷款风险的分类，并围绕贷款风险阐述了贷款损失准备金制度、贷款风险评价指标和不良资产的处置。

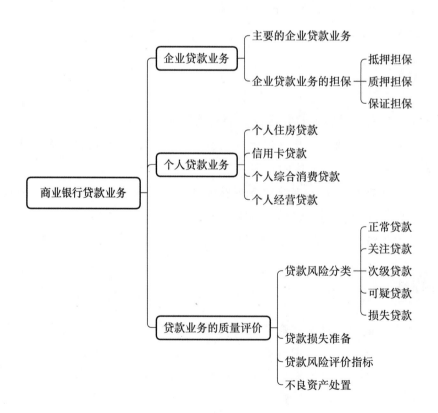

第一节　企业贷款业务

企业贷款是商业银行发放给企业的各种贷款，占银行贷款总额的绝大部分比重。企业贷款属于公司金融业务。

一、主要的企业贷款业务

（一）流动资金贷款

商业银行对企业发放的短期贷款通常是临时性、季节性贷款，也可称为流动资金贷款。流动资金贷款和固定资产贷款是商业银行最传统的贷款品种。银行发放的短期流动资金贷款具有自动清偿的性质。企业用借入的现金购买原材料、半成品或产成品，然后进行生产销售，再用收取的现金偿还银行贷款。因此，银行贷款期限就是从企业取得存货到产品销售完成所需要的时间，通常需要几个星期或几个月。

1.定义

流动资金贷款是银行向企事业法人或国家规定可以作为借款人的其他组织发放的用于借款人日常生产经营周转的本外币贷款。

2.贷款期限

（1）短期流动资金贷款。期限3个月到1年，主要用于补充企业正常经营周转资金。

（2）中期流动资金贷款。期限在1年至3年，主要用于补充企业正常生产经营中经常占用的资金。

（3）临时流动资金贷款。期限3个月以内，主要用于满足企业一次性进货的临时性资金需求或弥补其他支付性资金的不足。

3.贷款利率

以中国人民银行确定的同期限贷款利率为基准，并在中国人民银行允许的范围内浮动。1年以下（包含1年）原则上采用固定利率方式；1～3年的贷款利率由商业银行和客户协商决定。

（二）固定资产贷款

1. 定义

固定资产贷款是以借款人自有的、已建成并投入运营的优质经营性资产未来经营所产生的持续稳定现金流（如收费收入、租金收入、运营收入等）作为第一还款来源，为满足借款人在生产经营中多样化用途的融资需求而发放的贷款。

2. 贷款期限

具体期限由双方根据实际情况和银行资金供给能力协商确定，最长一般不超过15年。在合同确定期限内，贷款可以分次发放、分次收回。

3. 贷款利率

按中国人民银行发布的中长期贷款利率执行。利率按借款合同实行一年一定，即从合同生效日起，一年内按借款合同约定利率执行，遇利率调整时仍按原利率执行。满一年后根据当时的利率进行调整，执行新的利率。

4. 贷款种类

（1）基本建设类贷款。这类贷款指的是经国家相关部门批准的基础设施、市政工程、服务设施和新建或扩建生产性活动所需贷款。

（2）技术改造类贷款。这类贷款是现有企业为扩大再生产而进行技术改造、设备更新以及增加配套设施所需贷款。现阶段技术进步加快，企业须不断采用新技术、新设备、新材料，以增强产品竞争力，降低能源、材料消耗，减少环境污染，所以技改项目的资金需求很普遍。

（3）科研开发类贷款。这类贷款是指用于新技术和新产品的研制开发以及研发成果的生产转化所需的贷款。

（4）基础资产购置类贷款。这类贷款不用于自行建设，而是用于直接购置生产、仓储、办公等用房或设施。

（三）房地产贷款

1. 定义

房地产贷款是用于满足借款人住房开发建设、商业用房开发建设和其他房地产开发建设的中长期项目贷款。

2.贷款期限

房地产贷款期限一般为1～3年,土地储备贷款最长为2年,学生公寓贷款最长为10年。

3.类型

(1) 住房开发贷款。这类贷款是向借款人发放的用于商品住房及其配套设施开发建设的贷款。

(2) 商用房开发贷款。这类贷款是向房地产开发企业发放的用于宾馆（酒店）、写字楼、商场等商用项目及其配套设施建设的贷款。

(3) 土地储备贷款。这类贷款是向借款人发放的用于土地收购、整理和储备的贷款。

(4) 法人商业用房按揭贷款。这类贷款是向借款人发放的用于购置商业用房和自用办公用房的贷款。

(5) 其他类型。如经济适用住房开发贷款、廉租住房建设贷款、学生公寓贷款等。

4.借款人条件

借款人须依法设立，信用状况良好，无重大不良记录，房地产开发资质、实收资本等符合银行相关规定。相关项目已按照政府相关部门规定办理立项审批或备案手续，具备国有土地使用证、建设用地规划许可证、建设工程规划许可证、建设工程施工许可证，项目资本金等符合国家及银行相关规定。

二、企业贷款业务的担保

根据贷款的保障程度不同，企业贷款可分为信用贷款、担保贷款和票据贴现。信用贷款是以借款人的信誉为保障而发放的贷款。担保贷款是指抵押贷款、质押贷款和保证贷款。票据贴现是指银行以出售未到期商业票据的方式发放的贷款。借款客户的信用风险是现代商业银行面临的主要风险之一。没有担保，仅根据借款人的信用发放信用贷款会给银行的资金安全带来很大的隐患。为了防范信用风险，维护银行资金安全，目前，银行在贷款方式上主要采用的是担保的方式。下面将具体介绍担保贷款。

(一) 抵押贷款

抵押贷款是以借款人或第三人的财产作为抵押物而发放的贷款。

1. 抵押的含义

为担保债务履行，债务人或者第三人不转移对财产的占有，而将该财产抵押给债权人，当债务人不履行到期债务时，债权人有权就该财产优先受偿。

2. 当事人

（1）抵押权人：接受抵押担保的债权人。

（2）抵押人：为担保债务的履行而提供抵押的人。

3. 抵押物范围

根据《中华人民共和国民法典》第三百九十五条规定，债务人或者第三人有权处分的下列财产可以抵押：

（1）建筑物和其他土地附着物；

（2）建设用地使用权；

（3）海域使用权；

（4）生产设备、原材料、半成品、产品；

（5）正在建造的建筑物、船舶、航空器；

（6）交通运输工具；

（7）法律、行政法规未禁止抵押的其他财产。

4. 抵押物禁止范围

根据《中华人民共和国民法典》第三百九十九条规定，不可以作为抵押物的有：

（1）土地所有权；

（2）宅基地、自留地、自留山等集体所有的土地使用权，但法律规定可以抵押的除外；

（3）学校、幼儿园、医疗机构等为公益目的成立的非营利法人的教育设施、医疗卫生设施和其他公益设施；

（4）所有权、使用权不明或者有争议的财产；

（5）依法被查封、扣押、监管的财产；

（6）法律、行政法规规定不得抵押的其他财产。

（二）质押贷款

质押贷款是以借款人或第三人的动产或权利作为质物而发放的贷款。

1. 质押的含义

为担保债务的履行，债务人或者第三人将其动产或权利移交债权人占有，当债务人不履行债务时，债权人有权依照法律规定，以其占有的财产或权利优先受偿。

2.当事人

（1）质权人：接受质押担保的债权人。

（2）出质人：为担保债务的履行而提供质押的人。

3.质押范围

根据《中华人民共和国民法典》，质押分为动产质权和权利质权。前者是指债务人或者第三人将其动产出质给债权人占有的，该动产作为债权的担保。根据《中华人民共和国民法典》第四百四十条规定，后者的质押范围有七类：

（1）汇票、支票、本票；

（2）债券、存款单；

（3）仓单、提单；

（4）可以转让的基金份额、股权；

（5）可以转让的注册商标专用权、专利权、著作权等知识产权中的财产权；

（6）现有的以及将有的应收账款；

（7）法律、行政法规规定可以出质的其他财产权利。

（三）保证贷款

保证贷款是第三人承诺在借款人不能偿还贷款时，按约定承担一般保证责任或者连带责任而发放的贷款。

1.保证的含义

保证人和债权人约定，当债务人不能履行债务时，保证人按照约定履行债务或承担责任的行为。

2.保证方式

（1）一般保证：当事人在保证合同中约定，债务人不能履行债务时，由保证人承担保证责任的保证。

当事人在保证合同中对保证方式没有约定或者约定不明确的，按照一般保证对待。

（2）连带保证：当事人在保证合同中约定，保证人与债务人对债务承担连带责任的保证。

《中华人民共和国民法典》第六百八十八条规定，连带责任保证的债务人不履行到期债务或者发生当事人约定的情形时，债权人可以请求债务人履行债务，也可以请求保证人在其保证范围内承担保证责任。

总的来说，连带保证的法律责任大于一般保证的法律责任。银行一般只接受连带责任保证。

3. 保证范围

担保物权的担保范围包括主债权及其利息、违约金、损害赔偿金、保管担保财产和实现担保物权的费用。当事人另有约定的，按照约定处理。

案例分析

A公司贷款违规审批和转贷案例

A公司于1997年1月以流动资金短缺为由向B银行申请500万元流动资金贷款，以商品房做抵押。该公司实力较弱，不符合B银行贷款条件，且信贷员经调查出具了否定性意见，但B银行个别领导考虑到各方面关系，在没有信贷员签字的情况下，最终向该公司发放了500万元贷款，期限10个月，由借款人提供房产作为抵押。由于抵押房产产权证尚未办理完毕，故以其购买房产的契约作为抵押。贷款到期后，公司因经营业绩滑坡，无法归还贷款，提出转贷申请。B银行在企业不欠息，并压缩规模的情况下，对贷款数次转贷。之后该笔贷款余额压缩至300万元，于2001年4月11日到期，最终演变成次级贷款。

一、相关背景

A公司成立于1991年，是重庆某公司在当地成立的分公司，属国有企业，具有独立法人资格。A公司成立初期，正值我国物资流通市场旺盛时期，公司依靠与总公司的业务关系，与多家大型企业在大型货车、钢材等物资营销领域建立了业务关系，形成了自己的营销网络。当时公司总资产达8,644万元，其中应收账款8,368万元，而应付账款达8,512万元，公司净资产很少，基本上是空架子。随着我国市场流通体制改革的深入推进，物资流通领域遇到短暂困难，对企业经营状况带来一定的不利影响，A公司的经营日益困难。

A公司申请贷款的用途是弥补企业经营中的流动资金不足，承诺以公司的经营收入偿还银行贷款，并以当地的三处房产作为抵押。这三处房产系A公司于1996年从某城镇开发公司处购买，三处房产共计花费788万元。房屋使用功能为营业用房，在B银行贷款的抵押率为67%。但信贷人员调查发现，由于A公司尚欠开发商部分房款，因此开发商没有给其开具发票，故其无法办理产权证，B银行只能以其购房契约作为该笔贷款的抵押物。

二、事件过程

A公司是在经营不善、资金紧张的情况下，向B银行提出贷款申请的。公司提供的抵押物由于尚欠开发商部分尾款，无法办理产权证明。此笔贷款经双人调查后，形成如下意见。

（1）该公司实力较弱，总资产虽达8,644万，但所有者权益合计只有66万，公司净资产很少，基本是空架子。

（2）该公司系个人承包经营，公司内部管理混乱，目前经营状况较差。

（3）公私产权不明，抵押房产原系个人购买，不能说明买房款确切来源。

（4）据称该笔贷款将用于所购房屋的装潢及开办娱乐美食中心，不符合约定贷款用途，还款无保障。

由此调查人员得出结论，此笔贷款不仅不能给B银行带来收益，反而蕴藏着较大的信贷风险，故不同意贷款。但在个别领导的坚持下，该贷款仍被提交分行审批。分行贷审委仔细研究了信贷员的意见，并审查了贷款资料，提出如下意见：

（1）企业经营不理想，企业的规模看样子很大，实际上权益很小，财务指标不理想。

（2）表面上看此笔贷款是以房产抵押，实际上，抵押的手续是不健全的，因抵押单位仅提供房产买卖协议，而协议并非产权，企业只有付了税之后，才能取得产权。因此以房屋买卖协议做抵押是缺乏物质基础的，风险亦较大。

综上所述，贷审委否定了该笔贷款。但最终某位行长考虑到企业是用房产契约作为抵押，且考虑到各方面的关系及争取结算户的因素，否定了信贷人员意见和贷审委的意见，同意贷款500万元，期限10个月。

该笔贷款到期时，A公司无力偿还，遂申请转贷。B银行当时考虑到是抵押贷款，风险相对不大，企业又能按期付息，便同意给予转贷。贷款转贷后，虽然公司负责人表现出较强的还款意愿，但无奈应收账款较多，虽经四处奔走催讨，努力处理积压存货，但收效甚微，最后只收回200万元欠款用于偿还银行部分贷款。B银行不得不同意给予A公司转贷300万元，期限一年，继续以公司三处房产契约作为抵押。经过三年的转贷及催收，该企业经营事实上已经完全停顿。而根据当地政府最新房产抵押规定，房产契约不能用于办理抵押登记。因借款人与开发商之间存在厘不清的债务关系，产权证无法顺利办理，导致抵押手续无法完善，最终该笔贷款演变成次级贷款。

案例思考

在本案例中，造成B银行出现贷款损失的根本原因是严重违反了银行的信贷操作程序和信贷管理规定，即上一级不得批准下一级否定的贷款。本案例中信贷人员在贷前进行了认真的调查分析，提出了风险隐患，并出具了不同意贷款的意见；贷审委也提出了明确意见，否决了该贷款项目。但上级领导却没有认真对待信贷人员的意见，虽然这笔贷款看似有三处房产作为抵押，但是由于没有办理抵押登记，该抵押对贷款不能形成有效的保护作用。

商业银行运营沙盘

在商业银行运营沙盘中，贷款业务按利率不同分为固定利率贷款、浮动利率贷款，按照保障程度不同分为信用贷款和担保贷款，担保贷款分为抵押贷款和保证贷款两类，如图4-1所示。贷款单中标明了贷款的金额和利率，期数表明该笔贷款是银行运营到第几期发放的，期限是贷款发放的有效期，区域表明该笔贷款是在A区、B区还是C区发放的。固定利率贷款在有效期内利率保持不变。浮动利率贷款会根据当期系统公布的市场信息调整利率。评级是对该笔贷款偿债能力的综合评价，信用评级从高到低依次为：AAA、AA、BB、A、BBB、B和C。贷款单中的"覆盖"即风险覆盖，是当该笔贷款被判定为不良贷款时，银行能获得的损失补偿。

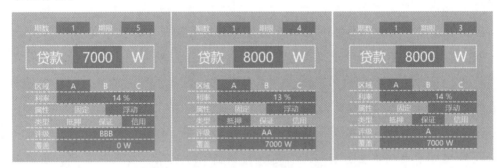

图4-1 信用、抵押和保证三类贷款单

各银行团队要在贷款业务中控制信用风险。贷款的期限、类型、评级和风险覆盖都是银行团队做信用风险管理决策的重要依据。贷款的期限越长，未来面临的不可测的风险越高。通过观察贷款单信息可知，不同类型的贷款其风险覆盖是不同的，信用类贷款的风险覆盖一般为零，而抵押和保证类贷款的风险覆盖较高。风险覆盖越高，贷款的风险暴露就越低，即存在风险的贷款余额就越低。在沙盘运营中，贷款的风险暴露＝贷款金额－风险覆盖×抵押保证率。此外衡量一笔贷款的风险还要关注其信用评级，评级越低，违约概率越高。各银行团队要在保证收益的前提下尽可能降低信贷风险，在贷款业务抢单过程中，应选择期限合适、评级良好、风险覆盖更高的抵押或者保证类贷款。

第二节 个人贷款业务

个人贷款,又称零售贷款业务,是指借助商业银行的信贷支持,以个人当前及未来的信用为放款基础,按照商业银行的经营管理规定,对消费者个人发放的用于购买住房、支付其他与个人消费相关费用和个人经营资金需求的贷款,并在贷款到期时收回资金本息以取得收益的业务。

一、个人住房贷款

(一)基本概念

个人住房贷款是指银行接受委托向购买、建造、装修各类型房屋的自然人发放的贷款。个人住房贷款业务主要包括自营性个人住房贷款,即个人住房按揭贷款(包括个人一手房贷款、个人再交易住房贷款、个人商业用房贷款、个人住房抵押额度贷款等)、公积金个人住房贷款和个人住房组合贷款。

(二)个人住房贷款结构

1. 首付

为控制风险,银行通常要求借款人支付一定比例的购房资金。住房贷款额越高,首付金额也相应越高。2022年11月,中国人民银行和原银保监会共同发布《关于做好当前金融支持房地产市场平稳健康发展工作的通知》,提出支持各地在全国政策基础上实施差别化住房信贷政策,合理确定当地个人住房贷款首付比例和贷款利率政策下限,支持刚性和改善性住房需求。在此背景下,我国各地将首套房商贷首付比例调整至20%,但是商用房、别墅、投资性住房首付比例仍较高。

2. 贷款期限

贷款期限越长,银行面临的流动性风险、信用风险及市场风险越大。通常来说,银行会要求个人住房贷款申请人的年龄加上贷款年限不超过65年,居住性住房贷款期限最长30年,商用房贷款期限最长10年,别墅贷款期限最长15年。

3.贷款利率

个人住房贷款属于长期贷款,贷款利率中包含了较高的风险溢价,贷款期限越长,利率越高。然而住房贷款有抵押等担保方式,风险会得到一定控制。各国政府大都对购买首套住房给予一定的利率优惠。比如,2022年9月29日,中国人民银行、原银保监会发布通知,决定阶段性调整差别化住房信贷政策。符合条件的城市政府,可自主决定在2022年底前阶段性维持、下调或取消当地新发放首套住房贷款利率下限。按照因城施策原则,各城市根据当地房地产市场形势变化及调控要求,自主决定阶段性维持、下调或取消当地首套住房商业性个人住房贷款利率下限。

4.还款方式

贷款期限在1年以内(含1年)的,实行到期本息一次性清偿的还款方法;贷款期限在1年以上的,可采用等额本息、等额本金还款法。相同本金、利率和期限的情况下,等额本息所支出的利息更多,但每月还款额固定,便于财务规划。等额本金所支出利息较少,且偿还金额逐月下降,但是在开始阶段每月的还款额大大高于等额本息情况下的还款额。

二、信用卡贷款

(一)基本概念

(1)账户信用额度(也称账户授信额度),指发卡机构根据主卡申请人的资信状况等为其名下的某一账户核定的在一定期限内使用的授信限额,包括固定额度、临时额度和专用额度。

(2)交易日,指持卡人实际消费、存取现金、转账交易或与相关机构实际发生交易的日期。

(3)银行记账日,指发卡机构在持卡人发生交易后将交易款项记入其信用卡账户,或根据规定将费用、利息等记入其信用卡账户的日期。

(4)账单日,指发卡机构每月对持卡人的累计未还消费交易本金、取现交易本金、费用等进行汇总,结计利息,并计算出持卡人应还款额的日期。

(5)到期还款日,指发卡机构规定的持卡人应该偿还其全部应还款额或最低还款额的最后日期。

(6)实际还款日,指持卡人以存现、转账等方式向发卡机构偿还其欠款的日期,以发卡机构收到客户还款资金的实际日期为准。

（7）最低还款额，指发卡机构规定的持卡人在到期还款日（含）前应该偿还的最低金额，以对账单记载为准。

（8）免息还款期，指持卡人在到期还款日（含）之前偿还全部应还款额的前提下，可享受免息待遇的非现金类交易自银行记账日至到期还款日之间的时间段。

（二）银行信用卡业务盈利分析

1.银行信用卡业务收入

（1）年费。信用卡开卡后，银行就会向持卡人收取年费，不同等级的信用卡年费也不同。

（2）信用卡刷卡手续费及商家回佣。客户刷卡消费，商家需要向银行缴纳一定比例的交易金额，这是信用卡收入的主要组成部分。这部分回佣通常由发卡行、银联以及收单行按7∶1∶2的比例分享。

（3）利息收入。若信用卡逾期、分期、按最低还款额还款，银行会收取利息。

（4）罚款。如果信用卡超额透支，信用卡持有人就需要支付罚金。此外，如果账单逾期还会产生滞纳金，即违约金。

除了以上的显性收益外，银行在信用卡业务方面还有隐性收益，即信用卡业务给银行带来的额外收益，包括锁定账户和资金、协同推进其他公私业务等。

2.银行信用卡业务成本

（1）资金成本。资金成本指的是银行获得可用资金的时候需要支出的成本费用，属于银行负债中的一项重要内容。商业银行可用资金主要来源于存款业务和非存款型借款。相较而言，商业银行支付给储户的存款利息成本较低。

（2）运营成本。运营成本主要用于构建及维护结算系统，维护已有客户资源，是信用卡业务中极为重要的一项支出。我国资金雄厚的商业银行都拥有自己的信用卡结算计算机系统，在维护系统运营稳定及安全方面成本耗费较大。与之相较，资金实力薄弱的银行就将结算系统外包出去，此时就产生了员工工资、外包费用等成本。

（3）营销成本。营销成本指的是银行为了推广信用卡业务而支出的一项成本，包括广告费用、品牌推广费用、各类福利活动费用、积分兑换礼品成本等，这部分成本主要用于开发客户价值，吸引新客户。

2009年7月，原中国银监会出台规定，要求不得以赠送礼品等为条件强制或诱导客户注销他行信用卡，严禁对营销人员实施单一以发卡数量作为考核指标的激励机制，不得向未满18周岁的学生发卡。

(4)欺诈损失成本。银行是经营风险的企业,给了客户授信额度,就会面临客户因为种种原因无法偿还贷款的风险,导致银行出现坏账,只能计提损失。

三、个人综合消费贷款

个人综合消费贷款是一种用途广泛的消费贷款。贷款可用于住房装修、购买耐用消费品、旅游、教育等,具有消费用途广泛、贷款额度较高、贷款期限较长等特点。

(1)贷款对象。个人综合消费贷款适用于有消费融资需求,年满18周岁,且不超过60周岁的具有完全民事行为能力的中国公民。

(2)贷款用途。个人综合消费贷款必须有明确的消费用途,具体可用于个人及其家庭的各类消费支出(不含购买住房和商用房),如可用于住房装修、购车、购买耐用消费品、旅游、婚嫁、教育等各类消费用途。

(3)担保方式。个人综合消费贷款可采取抵押、保证或信用的担保方式。

(4)贷款金额。单户贷款额度不超过200万元。

(5)贷款期限。个人综合消费贷款的期限一般是1~5年,贷款用途为医疗和留学的,期限最长可为8年。

(6)贷款利率。个人综合消费贷款的利率按照银行的贷款利率规定执行。

(7)还款方式。还款方式包括等额本息法、等额本金法、到期一次还本付息法、按期付息任意还本法等。

四、个人经营贷款

个人经营贷款是指银行等金融机构向借款人发放的用于借款人流动资金周转、购置或更新经营设备、支付经营场所租金、商用房装修等合法生产经营活动的贷款。2003年,中国银行率先推出个人经营贷款,随后各家银行也陆续开展这项业务。

(1)借款人与借款用途。借款人必须是从事商业活动的主体,如个体工商户、独资或合资中小企业股东。贷款用于满足日常经营活动中正常的资金需求,如临时性、季节性流动资金周转,购置和维修设备等。

(2)贷款额度。不同银行的额度会有所不同,如招商银行的个人经营贷款的贷款金额最高可达3000万元,中国工商银行为1000万元。

(3)贷款期限。贷款期限要根据借款人的资质和担保方式来综合决定,不同的商业银行差别较大，贷款期限在1～30年不等。

（4）担保方式。个人经营贷款可采用质押、抵押、自然人保证、专业担保公司保证、市场管理方保证、联保、互保、组合担保等灵活多样的担保方式。

（5）循环授信。个人经营贷款可一次申请，循环使用，随借随还，方便快捷。

▶ 拓展阅读

宁波银行给零售银行上了一课

如果翻看头部十几家银行的财报，你会发现经营业绩靠前的清一色是零售业务占比高的银行。典型如招商银行、平安银行，其零售贷款、零售利润占比均超过一半。但深耕长三角的宁波银行，作为一家对公为主、零售为辅的城商行，其经营表现并不输上述大行。

以2021年中期报告数据为例，宁波银行净利润增长21.4%，不良贷款率0.79%，拨备覆盖率510.1%；同期招商银行净利润增长22.8%，不良贷款率1.01%，拨备覆盖率439.5%。在这些核心的经营数据上，招商银行的"赢面"并不算大，相反宁波银行不良率、拨备覆盖方面相对更稳健。

如果宁波银行是一家零售为主的银行也就罢了，毕竟零售贷款有着收益高、不良低的特点，但宁波银行的零售贷款占比仅38.6%，远低于招商银行的53.2%。

宁波银行究竟是怎么做到的？

最会赚钱的非零售银行

作为对公为主、零售为辅的银行，宁波银行的不良率和净利差却不输于像招商银行这种以零售贷款为主的银行。截至2021年6月30日，宁波银行的不良率和净利差分别为0.79%、2.59%；招商银行的不良率和净利差分别为1.01%、2.41%。

宁波银行放贷主要集中在收益率低、不良率较高的对公业务，但其净利差和不良率却比得过放贷集中在收益率高、不良率较低的零售业务的银行。

除此之外，宁波银行非息收入占比竟然也高达36.1%，比12家股份行中的11家要高，仅次于招商银行的41.1%。非息收入主要是由信用卡刷卡手续费及大财富管理所产生的手续费组成，而宁波银行深耕对公业务，比起其他深耕零售业务的股份行，非息收入占比理应弱很多，但却表现出弱者不弱的架势。这背后，是其在存贷业务和非息收入方面"另辟蹊径"，做到了不同于主流银行的差异化。

靠白领贷撑起公司"半边天"

说起存贷业务的差异化，很多人第一反应是宁波银行命好，地处长三角发达地区。毕竟，经济越发达，信贷市场不但越繁荣，而且贷款出现坏账的概率越小，其他银行，尤其城商行压根没办法"抄作业"。

这话只说对了一半。宁波银行能做出差异化，一大原因是命好，另一大原因则是其在细分领域找到了零售业务金矿，靠白领贷撑起了公司"半边天"。

从宁波贷款布局的区域来看，浙江省、江苏省区域占比高达87.64%，其余则分布在上海、广东、北京，贷款全部集中在经济发达的区域。不光宁波银行，同期贷款集中在长三角的南京银行，对公贷款不良率也仅有0.97%。而过往几年对公业务不良率问题爆发，则主要集中在东北及中西部经济欠佳的区域。区位优势是宁波银行与其他区域性银行拉开差距的重要原因。

再来看零售贷款业务。宁波银行虽然零售业务规模不及对公业务，但在零售业务上做到了超高收益率、低不良贷款率。截至2021年6月30日，宁波银行的零售贷款收益率、不良贷款率分别为7.32%、1.06%，同期招商银行的零售贷款收益率和不良贷款率分别为5.6%、0.76%。

是不是不可思议？同样是给个人贷款，宁波银行的收益率却比招商银行高出1.72个百分点，不良贷款率仅比招商银行高0.3个百分点。换句话说，单论零售的存贷业务，宁波银行比招行做得更好。

这是因为，宁波银行奉行的是"大银行做不好，小银行做不了"的经营策略。

不同于传统银行零售业务以信用卡和个人房贷为主，宁波银行零售贷款集中于个人消费贷中的白领贷。简单来说，宁波银行主要面向事业单位群体，给出的单人授信额度较高，同时收取的贷款利率也较高。这部分群体普遍具有稳定的收入，偿还贷款的能力较好且有良好信誉，一般不会为了贷款毁了信誉、丢了自己的"铁饭碗"。

之所以说大银行做不好，是因为人力成本太高，因为每个小客户都要信贷员亲力亲为。而小银行受限于网点布局和风控，做不好专门面向这些客户的业务。

宁波银行精准的客户定位带来的好处，是可以获得更高的贷款收益率和更低的风险。但这也仅仅适合于宁波银行这种小规模的城商行，毕竟事业单位的人数有限。随着宁波银行规模做大，其零售业务的差异化带给公司的影响会逐渐减弱。

宁波银行正是因为在零售业务上做出了差异化，且对公业务布局在经济发达、不良率较低的长三角地区，所以公司存贷业务盈利能力才可以在过去几年和纯正的零售银行扳手腕。

资料来源：《宁波银行给零售银行上了一课》，读懂财经，2021年9月28日。

第三节 贷款业务的质量评价

一、贷款风险分类

贷款风险分类，是指按照风险程度将贷款划分为不同档次的过程。1998年，中国人民银行出台《贷款风险分类指导原则》，提出五级分类概念。2007年，原银监会发布《贷款风险分类指引》，进一步明确了五级分类监管要求。2023年，原银保监会、中国人民银行在借鉴国际国内良好标准，并结合我国银行业现状及监管实践的基础上，制定并发布实施《商业银行金融资产风险分类办法》（以下简称《办法》），提出了新的风险分类定义，强调以债务人履约能力为中心的分类理念。根据《办法》第六条，金融资产按照风险程度分为五类，分别为正常类、关注类、次级类、可疑类、损失类，后三类合称不良资产。

（1）正常类。借款人能够履行合同，没有客观证据表明贷款本金、利息或收益不能按时足额偿付。

（2）关注类。虽然存在一些可能对履行合同产生不利影响的因素，但债务人目前有能力偿付本金、利息或收益。

（3）次级类。债务人无法足额偿付本金、利息或收益，或金融资产已经发生信用减值。

（4）可疑类。债务人已经无法足额偿付本金、利息或收益，金融资产已发生显著信用减值。

（5）损失类。在采取所有可能的措施后，只能收回极少部分金融资产，或损失全部金融资产。

二、贷款损失准备

贷款损失准备包括一般准备、专项准备和特种准备。一般准备是根据全部贷款余额的一定比例计提的、用于弥补尚未识别的可能性损失的准备；专项准备是指根据《办法》对贷款进行风险分类后，按每笔贷款损失的程度计提的用于弥补专项损失的准备；特种准备指针对某一国家、地区、行业或某一类贷款风险计提的准备。计提比例参照表4-1。

表4-1 中国人民银行《贷款损失准备计提指引》

贷款损失准备		计提比例	计提时间	备注
一般准备		1%	按季	一般准备的年末余额不低于年末贷款余额的1%
专项准备	关注	2%	按季	
	次级	25%±20%	按季	
	可疑	50%±20%	按季	
	损失	100%	按季	
特种准备		自定比例	按季	根据不同类别（如国别，行业）贷款的特殊风险情况，风险损失概率及历史经验，自行确定计提比例

三、贷款风险评价指标

（一）不良贷款余额/全部贷款余额

不良贷款是次级类、可疑类、损失类贷款的总称。不良贷款余额与全部贷款余额的比例可以说明贷款质量的恶化程度。如果进行细致的划分，还可以用以下比率：①次级类贷款余额/全部贷款余额；②可疑类贷款余额/全部贷款余额；③损失类贷款余额/全部贷款余额。

通过以上比率的计算，可以更清楚地反映商业银行不良贷款的分布，以便找到问题的集中点。

（二）拨备覆盖率

拨备覆盖率（也称为"拨备充足率"）是商业银行计提的贷款损失准备金与不良贷款的比率，是反映商业银行风险承受能力和稳健发展潜力的重要指标。财政部2019年9月曾发布《金融企业财务规则(征求意见稿)》，其中提到，以银行业金融机构为例，监管部门要求的拨备覆盖率基本标准为150%。2020年，原中国银保监会下发《关于阶段性调整中小商业银行贷款损失准备监管要求的通知》，阶段性下调了中小商业银行相关的监管要求，拨备覆盖率要求由120%~150%调整为100%~130%。在银行业贷款分类真实可靠的前提下，原则上拨备覆盖率只要达到或超过

100%就是合理的。拨备覆盖率计算公式如下：

$$拨备覆盖率 = \frac{一般准备 + 专项准备 + 特种准备}{次级类贷款 + 可疑类贷款 + 损失类贷款} \times 100\%。$$

▶ 拓展阅读

加力护航实体经济　多银行降低拨备释放信贷

上市银行2022年一季报披露完毕。总的来看，银行业整体业绩延续了增长态势，但营收和净利润增速有所回落。值得一提的是，与大行和股份行相比，地方银行表现更为亮眼，农商行中有6家维持了20%以上的归母净利润增速。在净利润向好的同时，银行对实体经济信贷投放进一步增加，多家大行贷款增量创历史新高，结构持续优化。

近期，银保监会提出"鼓励拨备水平较高的大型银行及其他优质上市银行有序降低拨备覆盖率，释放更多信贷资源"。事实上，此前已有银行开始行动。今年一季度，共有10家上市银行拨备覆盖率较上年末出现下降。业内人士预计，当前我国大型银行拨备覆盖率相对较高，预计后续下调空间更大。

拨备计提的反哺作用主要源于疫情影响和银行业"以丰补歉"的传统。根据银保监会数据，2021年底，中国商业银行拨备覆盖率为197%，其中大型商业银行去年第四季度末拨备覆盖率为239%，相较于上年末增加了23个百分点，远高于120%至150%的标准。

光大银行金融市场部宏观研究员周茂华表示，此次鼓励大型银行合理下调拨备覆盖率，属于"增量"支持政策举措，但整体上与2020年的政策思路保持一致，也就是引导金融机构加大实体经济支持力度，促进经济稳步复苏。

Wind数据显示，今年一季度，共有10家上市银行拨备覆盖率较上年末出现下降，分别是宁波银行、招商银行、沪农商行、邮储银行、重庆银行、贵阳银行、青农商行、西安银行、民生银行、兰州银行。

从下降幅度来看，招商银行拨备覆盖率下降21.19个百分点至462.68%，下降幅度最大。沪农商行紧随其后，下降12.21%，贵阳银行下降10.78%，其余银行下降幅度均为个位数。

"下调拨备覆盖率有助于银行释放更多资金。"中信证券首席经济学家明明表示，这部分被释放的资金既可用于增加不良贷款核销，也可用于增加信贷投放，有助于银行更好服务实体经济。目前来看，大型银行的拨备覆盖率相对较高，预计后续下调空间更大，释放的资金也会更多。

资料来源：向家莹，《加力护航实体经济　多银行降低拨备释放信贷》，《经济参考报》2022年5月11日7版。

四、不良资产处置

商业银行不良资产主要是不良贷款，划分为次级、可疑和损失的贷款就是不良贷款，可以列入不良资产管理。商业银行在处置不良金融资产时，应遵守法律、法规、规章和政策等规定，在坚持公开、公平、公正和竞争、择优的基础上，努力实现处置净回收现值最大化。

商业银行可以通过追偿、重组、资产证券化和核销等多种手段对不良资产进行处置。追偿包括直接催收、诉讼或仲裁、委托代理等方式。重组是指银行和借款人经过协商，与借款人达成修改贷款偿还条件的协议。通过贷款重组，银行可能收回贷款，并可能因此而密切银行同借款人的关系，提升银行形象，因此银行通常愿意采取重组方式。重组方式有贷款展期、追加新贷款（也称为"借新还旧"）、调整利率、变更担保条件、参与企业管理等方式。债权转股权也是一种债务重组方式，是处置不良资产的常用方式之一。债转股使得企业的债务减少，注册资本增加，原债权人不再对企业享有债权，而是成为企业的股东。资产证券化是指商业银行作为发放机构，将持有的不良金融资产分类整理为一批信用资产组合出售给受托机构（主要是投资银行），再由受托机构以买下的金融资产为信用担保发行资产支持证券，用于收回购买资金。核销是对符合条件、判定已经无法收回的贷款，用已经提取的贷款损失准备金进行冲销。

▶ 商业银行运营沙盘

在商业银行运营沙盘中，次级类、可疑类和损失类贷款合称为不良贷款，即贷款划分为三类：正常贷款、关注贷款和不良贷款。在贷款损失准备计提过程中，按照一般准备标准，正常贷款和关注贷款按1％计提贷款损失准备，不良贷款按100％计提贷款损失准备。不良贷款的处置，分为变卖和清收两种方式。变卖即将抵(质)押物以一定价格转让给第三方，转让价款用来清偿债务。清收即商业银行直接通过各种方式催收。在商业银行运营沙盘中，变卖可以当期收回部分资金，而清收的处置周期更长。具体实验操作参考第十章《商业银行运营沙盘规则》。

本章小结

1.企业贷款主要类型有流动资金贷款、固定资产贷款和房地产贷款。

2.担保贷款分为抵押贷款、质押贷款和保证贷款三类。在实际操作中要注意抵押物、质押物的范围。

3.个人贷款业务主要有个人住房贷款、信用卡贷款、个人综合消费贷款和个人经营贷款四大类。

4.按照风险程度可以将贷款分为正常、关注、次级、可疑和损失五类,后三类合称为不良贷款。

5.贷款损失准备包括一般准备、专项准备和特种准备。

6.拨备覆盖率是衡量商业银行贷款损失准备金计提是否充足的一个重要指标。

7.商业银行可以通过追偿、重组、资产证券化和核销等多种手段对不良资产进行处置。

实训练习

学生分小组收集不同银行关于个人信贷业务的具体产品,弄清楚各类业务的特点和基本操作流程,能对不同的信贷产品进行简单比较。

第五章 商业银行金融市场业务

商业银行是金融市场的重要参与者。本章第一节对金融市场做了概述;第二节和第三节讨论了商业银行主要的金融市场业务,包括同业拆借业务和债券投资业务。商业银行通过开展同业拆借、债券投资等金融市场业务,可以丰富银行资产配置,平衡银行资金头寸,提高资金运营效率与效益,有效分散信贷资产业务过度集中带来的风险。

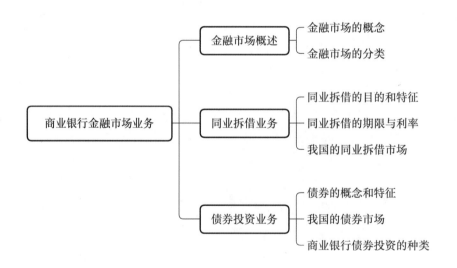

第一节 金融市场概述

一、金融市场的概念

金融市场是指以金融资产为交易对象而形成的供求关系及其机制的总和。它包括以下三层含义：首先，它是金融资产进行交易的一个有形或无形的场所；其次，它反映了金融资产的供应者和需求者之间所形成的供求关系；最后，它包含金融资产交易过程中所产生的运行机制。

金融市场的主要参与者包括政府部门、中央银行、金融机构、工商企业和家庭居民。商业银行作为金融机构，是金融市场重要的参与者。它既是货币市场资金的供给方和需求方，也是货币市场的交易中介。

商业银行的金融市场业务，包括国内、国际本外币金融市场相关交易、投资、理财、托管等业务。商业银行积极开展金融市场业务，不仅对提升资产规模、加强产品服务创新、扩大收入来源具有重要意义，也对优化资产负债管理、提高资金运营效率有重要的促进作用。

二、金融市场的分类

（一）按交易标的物的期限分类

根据交易标的物的期限长短，金融市场可分为货币市场和资本市场两大类。

1. 货币市场

货币市场指以期限在一年以内的金融资产为交易标的物的短期金融市场。它的主要功能是保持资产流动性，可以随时将资产转换成货币。它一方面满足了借款人短期的资本需求，另一方面也为暂时闲散的资金找到了出路。货币市场一般指买卖国库券、商业票据、银行承兑汇票、可转让定期存单、回购协议等短期信用工具的市场。许多国家将银行短期贷款也归入货币市场的业务范围。票据市场和拆借市场是货币市场最重要的组成部分。票据市场是指以各种票据作为媒介进行资金融通的市场，按照票据的种类可具体分为商业票据市场、银行承兑票据市场和大额可转让存单市场。拆借市场则是金融机构间进行短期资金融通的市场，为各金融机构尤其是商业银行弥补资金不足、减少资金闲置提供了通道。

2. 资本市场

资本市场是指以期限在一年以上的金融资产为交易标的物的长期金融市场。一般而言，资本市场包括两大部分：一是银行中长期存贷市场，二是有价证券市场。

通常，资本市场主要指的是债券市场和股票市场。它与货币市场的区别如下。

（1）期限的差别。资本市场上交易的金融工具期限均为一年以上，最长的可达数十年，而股票则无到期日。货币市场上交易的是一年以内到期的金融工具，最短的只有一天期限，如隔夜回购、一天拆借。

（2）作用不同。货币市场所融通的资金大多用于工商企业的短期周转。在资本市场上所融通的资金大多用于企业的创建、更新等，政府在资本市场上筹集长期资金则主要用于兴办公共事业和保持财政收支平衡。

（3）风险程度不同。货币市场的信用工具由于期限短而流动性高，价格不会发生剧烈变化，风险较低。资本市场的信用工具由于期限长而流动性较低，价格变动幅度较大，风险也比较高。

（二）按交易标的物的类别分类

根据交易标的物的类别，金融市场可分为外汇市场、黄金市场等。

外汇市场是指从事外汇买卖或兑换的交易场所。外汇市场有广义和狭义之分。狭义的外汇市场指的是银行间的外汇交易，包括同一市场各银行间的交易、中央银行与外汇银行间以及各国中央银行间的外汇交易活动，通常被称为批发外汇市场。广义的外汇市场是由各国中央银行、外汇银行、外汇经纪人及客户组成的外汇买卖、经营活动的总和，包括上述批发市场和银行与企业、个人进行外汇买卖的零售市场。

黄金市场是专门进行黄金等贵金属买卖的交易中心或场所。黄金市场可分为有固定场所的有形市场和没有固定场所的无形市场。无形市场以伦敦黄金交易市场和苏黎世黄金市场为代表，称为欧式黄金市场；有形市场在商品交易所内进行黄金买卖业务，以美国的纽约商品交易所和芝加哥商品交易所为代表，称为美式黄金市场；也有在专设的黄金交易所里进行交易的有形黄金市场，以中国香港金银业贸易所和新加坡黄金交易所为代表，称为亚式黄金市场。其中，伦敦、纽约、苏黎世、芝加哥和中国香港的黄金市场被称为五大国际黄金市场。

金融市场业务是商业银行的新兴业务，横跨境内外多个市场，连接本外币多个币种，包含债券、外汇等多种工具，承担着资产管理、资金营运以及为客户提供多元化金融服务的重要职责。本书主要讨论商业银行在金融市场中的同业拆借业务和债券投资业务。

第二节 同业拆借业务

一、同业拆借的目的和特征

同业拆借是指具有法人资格的金融机构或经法人授权的金融分支机构之间进行短期资金融通的行为。同业拆借市场是银行与银行之间、银行与其他金融机构之间短期互相借用资金所形成的借贷市场，是金融机构之间调剂资金的市场。

（一）同业拆借的目的

1.调节金融机构资金头寸不足

银行等金融机构在日常经营活动过程中，总会有一些机构发生资金头寸不足，而另一些机构出现资金头寸多余的情况。所谓资金头寸，是指金融机构每日收支相抵后资金不足或过剩的数额，简称"头寸"。如收大于支称为"多头寸"，支大于收称为"缺头寸"，收支调节平衡称为"扎平头寸"。为了相互支持对方业务的正常开展，并使多余资金产生短期收益，金融机构之间需要进行短期资金融通。这种融通在金融领域称为"拆借"。调剂资金头寸是同业拆借市场形成的最初原因。

伴随着时间的发展，同业拆借市场已成为金融机构间以货币借贷方式进行短期资金融通的重要渠道，是金融机构弥补资金流动性不足、有效利用闲置资金的市场，为金融机构特别是商业银行协调流动性和盈利性的关系、实现资金平衡提供了重要场所。

2.补充银行存款准备金的不足

同业拆借的一个重要内容是相互拆借他们在中央银行存款准备金账户上的准备金余额。按照银行法的规定，商业银行吸收存款后，必须按照一定比率向中央银行缴存法定准备金。然而，商业银行在日常经营过程中，存款余额随时都在发生变动，有的商业银行的实际准备金额超出法定准备金,形成超额准备金,而中央银行对商业银行缴存的准备金一般不支付利息,因此超出的部分准备金将遭受利息损失。为了避免损失,这些银行就有借出超额准备金的需求。同时,有的商业银行缴存的准备金没有达到法定准备金要求,将面临中央银行的处罚。为了避免处罚,这些银行就有必要拆入资金。这样就形成了商业银行之间的同业拆借市场。

3.满足季节性、临时性的资金需求

银行和非银行金融机构在开展特定业务时,资金流入和流出存在季节性的特点,有时还会产生临时性的资金需求,这都需要进行资金的短期拆借。

(二)同业拆借市场的特征

(1)各国的同业拆借市场大都是以银行间的拆借为主体。进入同业拆借市场的主体必须获得准入资格。

(2)同业拆借市场中的融资期限都较短。早期的同业拆借市场主要是满足金融机构之间临时性的资金头寸调剂需求。然而,今天的同业拆借市场已成为各金融机构弥补短期资金不足和进行短期资金运用的市场。隔夜拆借是同业拆借市场中主要的拆借形式。

(3)同业拆借市场上通过交易双方讨价还价产生的利率是市场化程度最高的利率,它充分反映了市场上的资金供求状况。

(4)在同业拆借市场上,交易数量较大、期限较短的拆借,一般无需担保或抵押,属于信用借贷。交易双方开展资金借贷活动没有交易额的限制,都以自己的信用做担保,严格遵守交易协议。

(5)同业拆借市场一般没有固定的交易场所,主要是通过电讯或网络手段进行交易。

二、同业拆借的期限与利率

(一)同业拆借的期限

同业拆借期限较短,多为隔夜,拆借在一天或几天时间内的称为日拆,主要用于调节金融机构资金头寸。金融机构之间为资金平衡进行的拆借称为同业借贷,期限一般比头寸拆借的时间长,但最多不超过1年。

如果拆借期限较短,为一天或几天时间的,交易双方很可能以口头协议的方式

约定，尤其是那些相互之间经常有业务往来的金融机构之间。一般来说不需要担保或抵押，凭信用和协议进行交易。

（二）同业拆借的利率

同业拆借的双方以同业拆借市场利率水平为基准，通过自由协商确定拆借利率。拆借利率通常低于中央银行再贴现利率，因为如果高于再贴现利率，则拆入银行就可能转向中央银行申请再贴现贷款。

同业拆借市场利率变动频繁，是一种市场化程度最高的利率，它能及时、迅速和准确地反映市场资金供求状况和变化。同业拆借利率决定了银行获得资金的基本成本，可以视为整个金融市场的基准利率。同业拆借市场利率还是利率变动的风向标。它的变化将直接影响其他相关利率的变化和金融工具的收益率及价格。因此，各个金融企业都密切关注该利率，以把握市场利率的走向。中央银行还根据拆借利率的高低来把握市场银根松紧情况，以实现其货币政策目标。同业拆借有两个利率：拆进利率（bid rate）表示银行愿意借款的利率，拆出利率（offered rate）表示银行愿意贷款的利率。同一家银行的拆进和拆出利率相比较的话，拆进利率永远小于拆出利率，其差额就是银行的得益。

国际银行同业拆借市场所使用的利率一般以伦敦银行同业拆借利率（London interbank offered rate，LIBOR）为准。由于同业拆借利率决定了银行获得资金的基本成本，因此它经常被视为整个金融市场的基准利率。伦敦同业拆借利率由英国银行家协会（British Banker's Association，BBA）于1986年1月开始发布，是指大型国际银行愿意向其他大型国际银行借贷时所要求的短期资金拆借利率。LIBOR有5种计价货币，分别是美元、英镑、欧元、瑞士法郎和日元，搭配隔夜、1周、1个月、2个月、3个月、6个月、1年等7种期限，共有35种不同的报价。LIBOR在全球金融市场中有广泛的应用。作为全球基准利率，它影响着数百亿美元的债券、工商业贷款、住房抵押贷款、利率衍生品等的定价。2008年全球金融危机以来，操纵LIBOR的丑闻频频发生，出于金融系统稳定性的考虑，监管机构致力于逐步停用LIBOR并寻找LIBOR的替代利率。2017年7月，英国金融行为监管局(Financial Conduct Authority，FCA)宣布，自2022年起不再要求银行提供伦敦同业拆借利率报价，LIBOR将逐步过渡到其他基准利率。全球基准利率迎来多元化时代，美元将采用有担保隔夜融资利率（SOFR），英镑将采用英镑隔夜银行间平均利率（SONIA），日元将采用东京隔夜平均利率（TONAR），瑞士法郎将采用瑞士隔夜平均利率（SARON），欧元则采用欧元短期利率（STR）。

> **商业银行运营沙盘**

在商业银行运营沙盘中，资金短缺的银行发布同业拆借需求信息，由拆出行提供资金。同业拆借的金额和利率由双方协商，如图5-1所示。

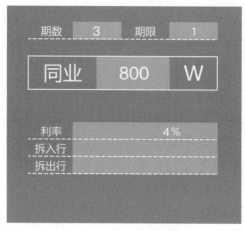

图5-1　沙盘同业拆借单据

三、我国的同业拆借市场

1984年1月1日，中国人民银行成立，专门行使中央银行职能。中国人民银行出台了一系列管理办法，鼓励发展拆借市场。1984年2月，中国人民银行颁布《关于中国人民银行专门行使中央银行职能的若干具体问题的暂行规定》，规定专业银行出现资金不足，可向其他专业银行拆借。1984年10月，中国人民银行颁布《信贷资金管理办法》，明确允许资金横向调剂，搞好资金融通和各银行之间的相互拆借。

1986年1月，原国家体改委、中国人民银行在广州召开金融体制改革工作会议，会上正式提出发展同业拆借市场。同年3月国务院颁布的《中华人民共和国银行管理暂行条例》，也对专业银行之间的资金拆借作出了具体的规定。此后，同业拆借市场在全国各地迅速开展起来。至1987年6月底初步形成了一个以大中城市为依托、多层次、纵横交错的同业拆借市场。

1988年9月，国家实行了严厉的"双紧"政策，对经济采取了治理整顿的宏观措施，对银行同业拆借也作出了一些限制规定。同业拆借市场的融资规模大幅下降，1990年为2,641亿元，较1988年的5,247亿元下降了2,606亿元。

到1992年，宏观经济和金融形势趋于好转，全国各地掀起新一轮的投资热潮。同业拆借市场获得快速发展，交易活跃，交易量不断上升。1993年的交易规模是

3,000亿元，1994年达到5,000亿元，但同时也出现了突破中国人民银行利率限制、变短期拆借为实际上的长期资金、挪用拆借资金等违规行为。1993年7月，国家开始对拆借市场进行清理。拆借市场的交易量大幅下落。为了巩固整顿同业拆借市场的成果，1995年，中国人民银行又发文要求撤销商业银行所办的拆借市场，要求跨地区、跨系统的同业拆借必须经过央行融资中心办理，非金融机构和个人不得进入同业拆借市场。

1996年1月3日，全国统一的同业拆借市场正式建立。这一市场由两级网络组成：一级网络由各类商业银行和各省、自治区和直辖市的人民银行组织的融资中心参加，其交易平台为中国外汇交易系统，实行计算机联网交易；二级网络由融资中心组织，由商业银行的分支机构及其他各类金融机构参与交易。两级网络同时运行，交易信息同步公开。1996年1月，中国人民银行第一次发布了全国统一拆借市场的加权平均利率，即CHIBOR。并于当年的6月1日全面放开拆借市场，取消银行同业之间同业拆借利率上限的限制。

随着全国银行间同业拆借市场的建立和逐步完善，金融机构直接进行拆借交易的渠道已经开通，1998年上半年，中国人民银行正式撤销融资中心。同年10月，保险公司进入同业拆借市场；1999年8月，证券公司进入市场。同时，同业拆借市场交易量逐年扩大，2000年成交6,728亿元，比1999年增加了1.04倍。从货币市场交易的期限结构看，1997年7天以内（包括隔夜）的同业拆借的占比为32.5%；而2000年同业拆借的期限结构发生了根本性的改变，7天以内（包括隔夜）的同业拆借占比已上升为71.4%。这一指标的变化表明，同业拆借市场已成为金融机构之间调节短期头寸的重要场所。2002年6月，中国外币交易中心开始为金融机构办理外币拆借业务，统一的国内外币同业拆借市场正式启动。

2002年4月，银行间市场成员的进入由审批制改为核准制，为此市场交易成员迅速增加，极大地促进了市场交易的活跃。上海银行间同业拆放利率（Shanghai interbank offered rate，简称SHIBOR）2007年1月4日开始运行，是由信用等级较高的18家银行自主报出的人民币同业拆出利率计算确定的算术平均利率。每个交易日根据各报价行的报价，剔除最高、最低各4家报价，对其余报价进行算术平均计算后，得出每一期限品种的SHIBOR。参与报价的商业银行在货币市场的交易十分活跃，具有公开市场一级交易商资格或外汇市场做市商资格，并具有较强的利率定价能力。目前，SHIBOR与货币市场已经形成了良性互动的格局，SHIBOR在市场化产品的定价中得到了广泛运用。截至2022年末，同业拆借市场成员已达2432家，基于同业拆借市场形成的SHIBOR利率已经成为我国金融市场重要的基准利率。

第三节 债券投资业务

一、债券的概念和特征

(一) 债券的概念

债券是发行者为了筹集资金向社会公众发行,并约定在一定时期内按照一定利率还本付息的凭证,它表明一种资金借贷关系。债券的发行人即债务人,债券的投资者或购买人即债权人,他们之间是一种债权债务关系。

(二) 债券的基本特征

(1) 偿还性。债券在发行的时候都会确定偿还期限,到期时债券发行人必须按约定条件偿还本金并支付利息。

(2) 流动性。经过证券管理部门批准后,债券可以自由转让流通。流动性越强,债券的变现能力就越强。

(3) 安全性。债券发行人一般都具有较好的信用,偿本付息有一定的保障。同时与股票相比,债券通常有固定的利率,收益比较稳定,风险较小。此外,在企业破产时,债券持有者相对于股票持有者享有对企业剩余资产的优先求索权。

(4) 收益性。债券的收益性表现在两个方面:一是给投资者带来的利息收入,二是转让未到期的债券获得的价格差额。

(5) 风险性。债券的风险性主要体现在两个方面:一是违约风险,也就是债券的发行人到期不能兑现偿本付息承诺的风险;二是通货膨胀风险,即高通货膨胀将使得债券投资人的收益受损。

二、我国的债券市场

(一) 银行间债券市场

银行间债券市场是依托于中央国债登记结算公司(简称中央结算公司)和银行

间市场清算所股份有限公司（上海清算所），由商业银行、农村信用合作社、保险公司、证券公司等金融机构进行债券买卖和回购的市场。银行间债券市场是我国债券市场的主体，债券存量接近全市场的90%。中央结算公司为投资者开立债券账户，实行一级托管，并提供交易结算服务。

（二）交易所市场

交易所市场是以非银行金融机构和个人投资者为主体的场内市场，属于集中撮合交易的零售市场，典型的结算方式是净额结算。交易所债券实行总分托管体制，其中中央结算公司为总托管人，负责为交易所开立代理总户；中国证券登记结算公司为债券分托管人，记录交易所投资者明细账户。中央结算公司与交易所投资者之间没有直接的权责关系。

（三）银行柜台市场

银行柜台市场是银行间债券市场的延伸，是以个人和中小企业投资者为主体的债券零售市场。柜台市场实行两级托管体制，其中中央结算公司为一级托管机构，负责为开办银行开立债券自营账户和代理总账户；开办银行为二级托管机构，负责为投资者开立二级托管账户。中央结算公司与柜台投资者之间没有直接的权责关系。

三、商业银行债券投资的种类

商业银行债券投资遵从"三性"原则，即"安全性、流动性、收益性"。因此，在商业银行的债券投资品种中，绝大部分是信用等级高的债券和票据类金融工具。商业银行也是债券市场上最大的参与者，其持有的债券体量非常大，相关数据可参见表5-1。

表5-1 2020年商业银行持有债券占比

债券类别	合计持有量/亿元	商业银行持有量/亿元	占比
记账式国债	194,365.07	122,342.63	62.94%
地方债券	254,525.54	215,920.82	84.83%
政府支持机构债	17,225.00	9,320.51	54.11%
政策性银行债	180,404.90	100,365.82	55.63%
商业银行债	58,620.34	18,390.34	31.37%

续表

债券类别	合计持有量/亿元	商业银行持有量/亿元	占比
企业债券	29,389.95	5,096.73	17.34%
资产支持证券	21,817.96	13,339.04	61.14%

数据来源：根据中央结算公司《2020年债券市场统计分析报告》数据整理。

按照发行主体不同，商业银行投资债券主要为政府债券、中央银行票据、金融债券、非金融企业债券和资产支持证券。

（一）政府债券

1. 中央政府债券

中央政府债券也称为国债，主要是指各国中央政府为弥补财政赤字或筹集建设资金等而发行的债券。政府债券属于信用债券，具有最高的信用度，是公认的最安全的投资工具，一般由各国中央政府的财政部直接负责发行。国债不经申请即可上市流通，享有上市豁免权。国债除了低风险特征外，还可以享受税收优惠。在政府债券中，期限最短的债券是国库券，其具有流动性强、基本无风险、收益较高等特点，被称为"金边债券"。

1）国库券

国库券是政府发行的期限在一年以内的短期债务凭证，期限有3个月、6个月、9个月和1年不等，通常是3~6个月。政府发行国库券的目的，一是筹措短期周转资金，弥补短期财政收支缺口；二是为中央银行的公开市场业务提供可供操作的工具。

国库券与其他货币市场工具相比，有如下优点：①国库券是政府发行的期限最短的有价证券，是一种安全性较好的短期无风险证券。国库券的利率一般被看作是无风险利率，是作为测算其他有价证券风险程度和计算有价证券价值的基本依据。②国库券的流动性强，变现成本低，往往被作为仅次于现金和存款之类的货币形态的准货币。③国库券通常享有免征利息所得税的优惠。商业银行投资于国库券，可以将其作为调整自身资产流动性的重要手段。

国库券的发行通常采用贴现方式，即以低于面额的价格发行。国库券不支付利息，到期按照票面额支付。国库券的面额与国库券的售价之差即是国库券的利息，该差价也称为贴现利息。例如，发行某国库券的面值为100元，偿付期为120天，贴现率为10%，则其发售价为：

$$国库券售价 = 国库券面值 \times (1 - 贴现率 \times 到期日 / 360)$$
$$= 100 \times (1 - 10\% \times 120 / 360)$$
$$= 96.67（元）$$

在国库券的交易市场上，国库券的持有人为获取现金，可以转让已发行而尚未到期的国库券。在交易市场上国库券通过证券交易商或交易所转让。在国库券的交易市场上，其参与者有证券交易商、银行、基金、保险公司、其他非金融机构、个人投资者和中央银行等。中央银行在国库券市场上的活动主要集中在交易市场上，其买卖国库券不是以营利为目的的，国库券市场是中央银行根据货币政策目标进行间接宏观调控的重要场所。中央银行通过公开市场业务调控货币量的同时，还会对市场利率产生影响。与中央银行进行国库券交易的主体一般是大型金融机构。

2）中长期国债

中长期国债是指期限在一年以上的国家债券，期限在1～10年为中期债券，期限在10年以上为长期债券。它是政府为了弥补预算年度的财政赤字而发行的政府债券，所筹集的资金主要用于一些政府投资的公共项目及其他一些基础设施建设项目。中长期国债一般在票面标明价格和收益率，购买时按票面价格支付款项，财政部定期付息，到期归还本金。中长期国债由于期限长，因而收益率高于国库券。

2. 政府机构债券

政府机构债券是指由政府所属机构、公共团体或与政府有直接关系的企业发行的债券，筹集资金主要用于发展各机构或公营公司的事业。

我国将政府机构债券区分为政府支持债券和政府支持机构债券。原铁道部发行的铁路建设债券为"政府支持债券"，发行主体为中国国家铁路集团有限公司（前身为铁道部），由国家发改委注册发行。中央汇金公司发行的债券为"政府支持机构债券"，发行主体为中央汇金投资有限责任公司，经中国人民银行批准发行。

3. 地方政府债券

地方政府债券指某一国家中有财政收入的地方政府或地方公共机构发行的债券。地方政府债券通常按照资金的用途和偿还资金的来源分为一般债券（普通债券）和专项债券（收益债券）。一般债券用于提供基本的政府服务，如医疗卫生、教育服务等，由地方政府的税收作为担保，安全性较高。专项债券是为特定公用事业项目进行融资而发行的债券，如高速公路、桥梁、水电系统建设等。债券的本息偿还依赖融资项目的收益，不保证还本付息，因此违约风险比一般债券要高。

我国的地方政府债券通过中央结算公司招标或承销发行，在中央结算公司托管，目前有1年、2年、3年、5年、7年、10年、15年、20年、30年等品种。自2019年起，地方政府债券可在商业银行柜台发行。

（二）中央银行票据

中央银行票据也称央票，是中央银行为调节商业银行超额准备金而向商业银行发行的短期债务凭证。期限一般不超过1年，但也有长至3年的品种。我国央行票据通过央行公开市场操作系统发行，在中央结算公司托管。

（三）金融债券

金融债券是银行等金融机构利用自身信誉向社会公众发行的债券，是无需财产抵押的信用债券。在西方国家，由于金融机构大都是股份公司，因此金融债券都列为公司债券。在中国，这类债券初期主要由专业银行发行，并被单独称为金融债券，以便和一般企业发行的债券区别开来。后来到1988年，其他金融机构也开始发行金融债券。金融机构发行的债券在信誉水平上一般高于其他公司发行的债券，因此其利率水平一般低于公司债券。

1. 政策性金融债券

发行主体为开发性金融机构（国家开发银行）和政策性银行（中国进出口银行、中国农业发展银行等）。近年来，政策性金融债券加大创新力度，推出扶贫专项金融债、"债券通"绿色金融债等品种，试点弹性招标发行。

2. 商业银行债券

发行主体为境内设立的商业银行法人，分为一般金融债券、小微企业贷款专项债、"三农"专项金融债、次级债券、二级资本工具、无固定期限资本债券等品种。

3. 非银行金融债券

发行主体为境内设立的非银行金融机构法人，包括银行业金融机构发行的财务公司债券、金融租赁公司债券、证券公司债券、保险公司金融债和保险公司次级债等。

（四）企业债券

企业债券也称公司债券，是指公司为筹集长期资金发行的债券。公司债券一般期限都在3年以上，目的在于为企业筹集中长期资金。公司债券的还款来源主要是公司经营利润，因此违约风险较高。但债券的求偿权优先于股票，当公司经营状况不佳时，债券持有人比股票持有人享有更多的保障。公司债券又可以分为信用债券和抵押债券。信用债券是完全凭借信誉，无需任何抵押品而发行的债券。对企业来说,只有信誉良好者才能发行信用债券。与此相反,抵押债券是以土地、房屋等不动产作为抵押品发行的债券。对于债权人而言,抵押债券比信用债券有更多的偿付保障。和国债相比,由于公司债券的安全性不高,因此其利率水平一般高于国债。

▷ 商业银行运营沙盘

在商业银行运营沙盘中,债券投资业务主要为国债投资。国债期限为3年,有两档利率,国债在持有期可以中途变现。沙盘中的国债单据如图5-2所示。国债投资都是以2000万为一单,国债单据的期数是指银行运营到第几期才投资的该笔国债。所有国债的期限都是3年。各银行团队可以持有至3年期满,也可以中途将该笔国债变现回收投资金额。国债的收益率在持有期固定不变。

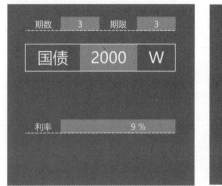

图 5-2 沙盘国债单据

案例分析

我国商业银行的债券市场投资分析

2021年,我国债券市场运行平稳,主要债券收益率下行,货币市场利率保持平稳,债券发行量小幅增长,债券存量规模稳步增长,交易活跃度持续提升。2021年,债券市场发行债券共40.1万亿元。其中地方政府债券、国债、政策性银行债、商业银行债券是2021年发行量最大的四类券种,占比分别为33%、29%、22%和8%,合计达92%。其他券种发行占比较小,但发行增速较高。

2021年末,商业银行和非法人产品①是持债规模最大的两类机构,托管量分别为54.45万亿元和15.98万亿元,占比为65.27%和19.15%。从持债偏好看,商业银行偏好地方政府债券、国债和政策性银行债,占主要券种比重为47.60%、25.30%和19.66%(见表5-2)。

---
①非法人产品为证券投资基金、全国社会保障基金、信托计划、企业年金基金、保险产品、证券公司资产管理计划、基金公司特定资产管理组合、商业银行理财产品等。

表 5-2　2021 年末主要券种持有者结构

金融机构		国债	地方政府债券	政策性银行债	商业银行债	企业债券	信贷资产支持证券
商业银行	持债规模/亿元	134,656	253,332	104,598	17,472	5,024	17,078
	比重	25.30%	47.60%	19.66%	3.28%	0.94%	3.21%
信用社	持债规模/亿元	1,997	1,518	5,269	212	55	0
	比重	22.07%	16.77%	58.21%	2.34%	0.61%	0.00%
保险机构	持债规模/亿元	5,916	10,230	5,818	4,296	642	130
	比重	21.89%	37.84%	21.52%	15.89%	2.38%	0.48%
证券公司	持债规模/亿元	5,933	3,060	2,079	1,072	1,917	510
	比重	40.72%	21.00%	14.27%	7.35%	13.15%	3.50%
非法人产品	持债规模/亿元	15,316	11,029	66,332	41,868	10,301	6,799
	比重	10.10%	7.27%	43.74%	27.61%	6.79%	4.48%
境外机构	持债规模/亿元	24,532	115	10,849	571	94	389
	比重	67.12%	0.32%	29.68%	1.56%	0.26%	1.06%
其他	持债规模/亿元	20,679	13,675	1,662	1,303	130	806
	比重	54.06%	35.75%	4.34%	3.41%	0.34%	2.11%

数据来源：中央结算公司统计。

一、商业银行投资国债情况

2021年，国债发行总量6.68万亿元，同比下降7%，记账式国债、储蓄国债(电子式)分别发行6.48万亿元和1990.95亿元。债券发行期限结构保持稳定，新发国债期限集中于91天、182天、1年、2年、3年、5年、7年、10年、30年及50年期。截至2021年末，国债余额为22.53万亿元，其中记账式国债21.79万亿元，储蓄国债（电子式）7411.34亿元。商业银行仍旧是记账式国债的主要投资者。截至2021年末，商业银行持有的记账式国债占记账式国债余额（21.79万亿元）的比重约为64%。2021年记账式国债托管情况如图5-3所示。

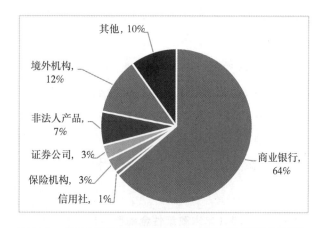

图 5-3　2021 年记账式国债托管情况(按投资者类型)

数据来源：中央结算公司统计。

二、商业银行投资地方政府债券情况

2021年，地方政府债券共发行7.49万亿元，其中新增债券、再融资债券分别发行4.37万亿元和3.12万亿元。2021年，地方政府债券加权平均发行期限为11.9年。地方政府债券加权平均发行利率为3.36%，同比下降4个基点，经济发展水平不同的地区进一步分化，定价市场化水平持续提升。商业银行仍为地方政府债券第一大持有主体，持有规模合计25.33万亿元，占比83.60%；保险机构持有1.02万亿元，占比3.38%；非法人产品持有1.1万亿元，占比3.64%；其他境内机构持有1.8万亿元，占比6.02%；境外机构持有115亿元，占比0.04%。2021年地方政府债券持有结构如图5-4所示。

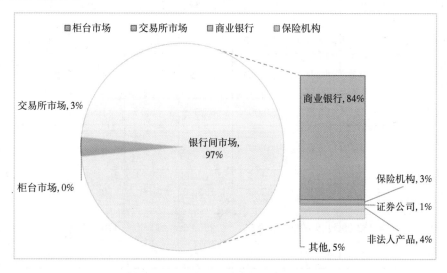

图 5-4　2021 年地方政府债券持有结构

数据来源：中央结算公司统计。

三、商业银行投资金融债券情况

(一) 政策性金融债券

政策性金融债券发行规模庞大,市场参与面广泛。2021年在中央结算公司发行的政策性金融债券的持有者覆盖政策性银行、商业银行、证券公司、基金公司、保险公司、非法人产品等多种市场机构,其中以商业银行和非法人产品为主。政策性金融债券期限以3~10年期为主,符合商业银行对中长期投资的偏好。2021年末,商业银行是持有政策性金融债券最多的投资者,持有量为10.46万亿元,占比为53.20%(见表5-3)。

表5-3 2021年末政策性金融债券持有者结构

机构	商业银行	非法人产品	境外机构	保险机构	证券公司	其他	合计
金额/亿元	104,598.50	66,331.61	10,849.31	5,818.43	2,079.12	1,662.17	191339.14
同比	4.22%	17.86%	18.03%	-3.38%	28.81%	16.38%	9.17%
占比	53.67%	34.67%	5.67%	3.04%	1.09%	0.87%	100.00%

数据来源:中央结算公司。

(二) 商业银行债券

2021年末,非法人产品和商业银行是持有商业银行债最多的两类投资者,持有量分别为4.19万亿元和1.75万亿元,占比分别为62.68%和26.16%,如表5-4所示。

表5-4 2021年末商业银行债券持有者结构　　　　(单位:亿元)

机构	商业银行	非法人产品	境外机构	保险机构	信用社	证券公司	其他	合计
商业银行普通债	10,084.43	7,866.96	317.05	54.60	143.23	120.30	331.10	18,917.66
商业银行二级资本工具	6,552.40	17,412.67	203.83	2,058.21	67.07	446.35	723.38	27,463.91
商业银行次级债	9.13	1,372.17	0.00	985.00	0.30	1.50	1.40	2,369.50
商业银行混合资本债	3.50	3.00	0.00	0.00	0.00	0.00	0.00	6.50
商业银行其他一级资本工具	822.63	15,213.26	49.65	1,198.05	1.00	503.36	247.05	18,035.00
合计	17,472.09	41,868.06	570.53	4,295.86	211.60	1,071.51	1,302.93	66,792.57
占比	26.16%	62.68%	0.85%	6.43%	0.32%	1.60%	1.95%	100.00%

数据来源:根据中债研发中心《2021年债券市场分析研究报告》整理。

案例思考

从我国商业银行的债券市场投资分析中可以看出,在银行间市场中,商业银行是国债、地方政府债券和金融债券的最大投资者。债券市场也是商业银行优化资产结构的重要选择。其中国债是商业银行最具安全性和流动性的投资品种。

▶ 商业银行运营沙盘

在商业银行的资金运用中,债券投资是除了贷款以外最重要的资金用途。在沙盘规则下(参考第十章《商业银行运营沙盘规则》),商业银行用于债券投资的资金来源于对公存款和零售存款。在沙盘中,债券投资的主要对象是国债,国债的期限为3年,利率较现实中的国债利率高,为8%~10%,投资金额为2,000万元起,如表5-5所示。每个运营年度,国债单的数量都是有限的。

表5-5 标准6期模型国债市场信息

期数	第一期	第二期	第三期	第四期	第五期	第六期
期限	3年	3年	3年	3年	3年	3年
利率	10%	9%	8%	9%	9%	9%
单数/单	8	8	8	8	8	8

银行团队要在期初规划中做好预算。由于贷款的利息收益高于国债,因此能将存款资金全部贷放出去最好。投资国债的金额计算方式如下:

投资国债的金额=盘面所有存款金额-缴纳的法定存款准备金-盘面所有贷款金额。

在贷款业务抢单中,要灵活根据实际获得的贷款情况来投资国债。由于国债是2,000万元每单,发放贷款后剩余的金额最好为2,000万元或者2,000万元的倍数,否则会有资金闲置影响银行的利润。国债投资可以不持有至到期。如果发放贷款的资金不足,可以将未到期的国债中途变现用于发放收益更高的贷款。

本章小结

1.金融市场是指以金融资产为交易对象而形成的供求关系及其机制的总和。商业银行是金融市场的重要参与者,既是货币市场资金的供给方和需求方,也是货币市场的交易中介。

2.金融市场根据交易标的物的期限不同,可分为货币市场和资本市场;根据交易标的物的类别不同,可分为货币市场、资本市场、外汇市场、黄金市场等。

3.同业拆借市场是金融机构之间调剂资金的市场。同业拆借的目的是调节金融机构资金头寸,补充银行存款准备金,满足季节性、临时性的资金需求。同业拆借的期限较短,利率以同业拆借市场利率水平为基准,通过自由协商确定。

4.我国的债券市场有银行间债券市场、交易所市场和银行柜台市场。

5.商业银行债券投资遵从安全性、流动性和收益性原则,因此在商业银行的债券投资品种中绝大部分是信用等级高的债券和票据类金融工具。

实训练习

选取一家国内上市商业银行,通过阅读年报信息或者浏览官网,了解该银行的金融市场业务种类。

第六章 商业银行资本管理

商业银行的资本是商业银行保持稳健经营的基础,对资本的监管也是全球银行监管的核心内容。本章第一节介绍了商业银行资本的概念、功能、构成和分类。第二节围绕《巴塞尔协议》,分别介绍了《巴塞尔协议》的历史沿革和三版《巴塞尔协议》的主要内容。第三节浅谈了商业银行资本需求量的影响因素,以及如何从内部和外部两个渠道来补充资本金。

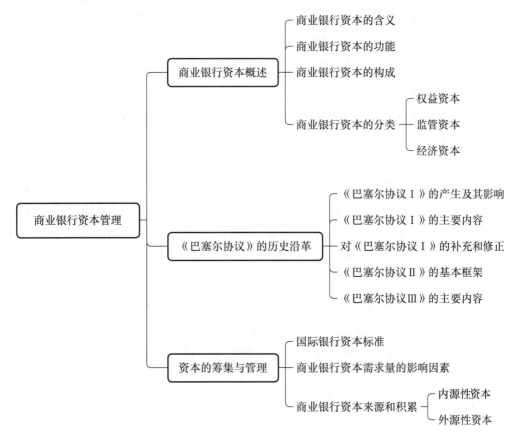

第一节　商业银行资本概述

一、商业银行资本的含义

银行资本也称银行资本金，是商业银行开始营业的本钱和铺底资金，是投资者为赚取利润而投入商业银行的货币和保留在银行中的收益。在商业银行的各种资金来源中，资本具有基柱的性质，是银行可独立运用的最可靠、最稳定的资金来源，因此也是银行经营的基础。

商业银行资本涉及以下几个资本概念。

（1）最低资本。最低资本是按照相关法律规定建立商业银行必须达到的最低资本额，达不到这一要求，商业银行就不能设立。世界各国法律都对此作了相关规定，如我国《商业银行法》规定：设立全国性商业银行的注册资本最低限额为10亿元人民币；设立城市商业银行的注册资本最低限额为1亿元人民币；设立农村商业银行的注册资本最低限额为5,000万元人民币。

（2）注册资本。注册资本是商业银行设立时，在银行章程中注明的向政府主管机关登记注册的资金。注册资本是一个经济组织公开声明的财产总额，银行的注册资本可使公众了解银行以后可能达到的经营规模。注册资本必须等于或大于最低资本。

（3）发行资本。发行资本也称名义资本，是商业银行实际已向投资人发行的股份总额，同时也是投资人已同意用现金或实物认购的股份总额。发行资本不能超出注册资本，而发行资本小于注册资本的差额，称为未发行资本。在有的国家，股份制商业银行成立或增加资本时，其全部股份资本必须发行完，故其发行资本与注册资本是一致的。

（4）实收资本。实收资本也称已付资本，是指投资人就已认购的股份全部或部分缴纳给公司的股金。如果发行股份全部都已收到，那么实收资本总额就等于发行资本。一般在营业执照中注明的资本数额，都要求使用实收资本概念。

二、商业银行资本的功能

商业银行资本在银行的经营管理中扮演着极其重要的角色,它为银行提供了运营资金,为银行的扩张提供了资金基础,为银行防范风险提供了保证,可以增强公众对银行的信心等。

(一)资本是商业银行开业的先决条件

银行要开展正常的业务活动,必须具备一定的物质前提,要有营业场所、办公设备、办公用品等,不具备这些条件,银行无法通过上级机构的批准注册成立。而准备这些硬件所需要的资金,是银行开业前必须持有的资金,不能通过吸收存款等途径获得,也不能利用客户资金,所以银行必须拥有足够的资本为开展业务活动准备必要条件。西方商业银行用于购置设备所用的资金,一般占资本总量的20%左右。近年来,随着电子化办公设备在银行系统的普遍应用,开业资本呈现出不断增加的趋势。

(二)资本须满足金融管理部门的控制规定要求

金融管理部门为限制金融机构盲目竞争和维护金融稳定,对金融机构实行的资本规定要比一般工商企业更为严格,主要规定内容包括新建银行、新设分支机构与兼并银行所拥有的最低资本额、资本与存款比例、资本与贷款比例、资本与全部资产比例等。银行只有达到了金融监管部门规定的资本指标,才能开展各种业务活动。金融管理部门通过调整最低资本限额和资本比率来实现对商业银行经营管理的调控,从而实现宏观调控目标。

(三)资本为用户的经营活动提供信誉保证

银行是信用机构,随着信用业务的开展和不断扩大,除应具备必要的硬件条件外,还应具有良好的信誉,使社会和公众对银行发展树立信心,建立一种顾客对银行的信赖关系。通常,银行成立初始阶段,银行资本数量决定了其风险承受能力和偿债能力,决定了社会和公众对银行的信心。银行发展起来以后,则可以通过内部管理和外部经营等一系列手段来巩固和增强公众的信心。

（四）资本可以弥补日常资金运行中的暂时资金短缺

在银行日常经营活动中，存款的提取和贷款的发放都有一定的规律可循，一般可以用适量的资本周转资金来调节，以满足资金需求。但如果遭遇突发事件，如顾客争相挤兑、纷纷求贷等，银行就会发生暂时性资金短缺。通常情况下，银行可以通过出售旧资产或吸收新负债来弥补这种短缺，但实际上这种情况发生时，往往伴随的是普遍的资金短缺，银行只能用高利率吸收负债，而这会增加银行的经营成本，甚至高利率也筹集不到资金。所以，最经济可靠的办法是填入银行资本，此时，银行资本是保障银行日常经营活动顺利进行的重要手段。

（五）资本可以保护存款人和其他债权人的利益

吸收公众存款是银行资金的主要来源，也是商业银行主要的业务活动。由于在银行的经营管理活动中贷款坏账、经营亏损或其他重大事故造成的资产损失时有发生，如果银行没有足够的资金弥补亏损，就必然会损害存款人和其他债权人的利益，进而导致银行客户的流失，使银行的经营状况更加恶化，甚至面临破产风险。为了避免这种情况的发生，银行必须保持一定数额的资本，以应对资产的意外损失。当银行资产遭受损失时，首先由日常的收益抵补，若收益不足以抵补时则动用资本进行补偿，以此来保证银行的正常经营运转，保护存款人和其他债权人的利益。

三、商业银行资本的构成

股份制商业银行是现代商业银行的主要组织形式，其资本通常是由三个部分构成的：普通资本、优先股和附属银行债。

（一）普通资本

普通资本包括普通股、资本盈余、未分配利润及一般风险准备。

（1）普通股。普通股是商业银行资本的基本形式，是上市银行向社会公众发行的可流通股票，其持有人具备选举权和股息收益权。

（2）资本盈余，又称为资本溢价。它是正在发行的普通股的市场价值与其账面价值或设定价值的差额。例如，某银行发行普通股票10,000股，每股100元，票面额总计1,000,000元。如果每股市价150元，则资本盈余为500,000元。若股票市值低于账面价值或设定价值，则资本盈余为负。资本盈余的多少取决于股票市场价格的高低，而股票市场价格受银行自身股息政策的影响，比如提高股息分配就可提高股票的价格。资本盈余将归全体普通股股东所有。

（3）未分配利润，又称为留存盈余。它是银行利润收入中未分配给股东的部分。未分配利润构成了银行股本资金的主要来源，对于未上市的银行来说尤其如此。未分配利润与发行新股相比，具有很多优点：第一，发行新股成本较高，而留存盈余则没有成本；第二，发行新股会造成股东每股红利减少，削弱其对银行的控制权，而留存盈余可以避免这种情况；第三，留存盈余归全体股东所有，股东对这部分收益不用纳税；第四，留存盈余转变为银行资本，只需将税后净利转入未分配利润账户即可，手续简单。

（4）一般风险准备。一般风险准备是指商业银行按照其净利润的一定比例提留的用于弥补亏损的准备金。在实际经营中，一般风险准备按净利润的10%计提。商业银行一般不会也不可能提取较多的一般风险准备，因为过多提留会影响银行利润和普通股票价格。

（二）优先股

优先股持有人获取固定的股息，在公司出现清产时，有较普通股优先获得清偿的权利。银行或银行控股公司常常发售一些不同类型的优先股，以筹措资本。

（三）附属银行债

附属银行债包括资本期票和资本债券。债券是外部投资者投入的长期债务资本，这些投资者对银行的求偿权依法跟随存款人的求偿权。附属银行债具有可转换的特点，可在未来交换中转换为银行股份。

普通资本、优先股、附属银行债三者之间按通常按照一定比例分布，分布比例取决于税收和成本方面的考虑。

四、商业银行资本的分类

根据不同的特性，商业银行资本可以分为权益资本、监管资本和经济资本。

（一）权益资本

权益资本又称会计资本，主要指银行所有者权益、股东权益、投资者权益等，是指商业银行自身拥有的或者能永久支配使用的资金。从来源看，其主要是指银行的所有者投入的资本金和银行经营所得（利润）。从数量上看，其等于银行资产总额减去银行负债总额的差值。

（二）监管资本

监管资本指商业银行已经持有的或必须持有的符合监管法规规定的资本。除所有者权益外，监管资本还包括一定比例的债务资本，因此具有双重资本的特点。通常把权益资本称为一级资本或核心资本，把债务资本称为二级资本或附属资本。

（三）经济资本

经济资本，指用于承担业务风险或购买外来收益的股东投资总额，是由商业银行的管理层内部评估而产生的配置给资产或某项业务用以减缓风险冲击的资本，因此经济资本又称为风险资本。其计算公式为：经济资本＝信用风险的非预期损失＋市场风险的非预期损失＋操作风险的非预期损失。银行面临的损失包括预期损失（用准备金弥补）、非预期损失（用经济资本弥补）和极端损失（通过压力测试计算）。它是描述在一定的置信度水平上（如99％）、一定时间内（如一年），为了弥补银行的非预计损失所需要的资本。它是根据银行资产的风险程度的大小计算出来的。计算经济资本的前提是必须对银行的风险进行模型化和量化。

从银行内部来说，经济资本就是用来承担非预期损失和保持正常经营所需要的资本。经济资本与监管资本都是用于风险缓冲的，但经济资本是由商业银行管理层内部认定的，反映股东价值最大化对商业银行管理的要求；监管资本是从外部监管当局的角度看银行应具备的最低资本。

> **▶ 商业银行运营沙盘**
>
> 在商业银行运营沙盘中，商业银行的权益资本即所有者权益是由初始投入资本金（视为实收资本或股本）和留存收益组成的。由于沙盘规则假设资本充足率为10％，因此监管资本为总风险加权资产的10％，此即法定要求的最低资本。在团队排名中，沙盘系统会根据效益指标经济增加值（EVA）进行赋分。经济增加值（EVA）是税后利润和经济资本成本的差值，其呈现基本理念是：股东必须赚取至少等于资本市场上类似风险投资回报的收益率。

第二节 《巴塞尔协议》的历史沿革

一、《巴塞尔协议Ⅰ》的产生及其影响

(一)《巴塞尔协议Ⅰ》产生的历史背景

20世纪80年代以来,各国银行间的竞争日益激烈,而西方各国关于银行资本的定义也不统一,资本充足率没有共同的标准,这使得国际范围内商业银行的资本管理和业务经营都十分混乱。以资本占资产的比例为例,英、美等国家的商业银行一般为6%~7%,而日本的商业银行则平均只有2%。资本比率的高低,直接影响银行的利润率,资本比率低的银行股权乘数大,在竞争中比较容易获得高额利润,其他国家银行则处于相当不利的地位。假如各国的银行都为了获得高额利润而相继压低资本比率,降低贷款条件,就必然会扩大银行的经营风险,进而导致国际金融危机的爆发。因此,为了使国际银行业减少经营风险,确保商业银行业务的稳健经营,并消除国际银行业不平等竞争的根源,使各国银行的竞争处于同一起跑线,统一国际商业银行的资本构成并制定银行资本充足率的国际监管条例就显得十分必要。

20世纪80年代初爆发了国际性的债务危机,严重打击了西方发达工业国家的大银行,迫使各大银行不得不忍痛将大量资金转为呆账准备,以应对坏账和债务国违约的潜在威胁。而从中央银行管理的角度来看,这些准备是远远不够的,为了确保金融体系的稳定,必须进一步提高银行应对危机的能力。同时,现代金融业的发展使各国金融机构间的联系更为紧密、相互依存,一家大银行出现危机,连锁反应将使得整个金融体系运转不灵,乃至引发世界范围内的金融危机。因此,有必要统一商业银行的资本构成,并按统一的标准进行监管。

由于国际银行业新的金融工具和融资形式层出不穷,银行业的利率、汇率风险乃至国际风险越来越大。很多业务属表外业务,累积的利率、汇率风险和国际风险会对银行的经营产生极大威胁,甚至导致金融、经济震荡。因此,如何衡量风险,防患于未然,需要有一个国际统一的标准。

在这种情况下,建立一个统一的国际标准来规范和监管各国银行的经营行为显得十分重要,《巴塞尔协议》应运而生。在国际清算银行的倡导下,库克委员会在巴

塞尔成立，该委员会是以其主席的名字命名的，后来改称为"巴塞尔银行监管委员会"。该委员会由10国集团①中央银行或金融监管当局的代表组成，但他们的建议没有法律效力。

库克委员会在1987年11月出版了关于资本管理的讨论稿，发表了《关于统一国际银行业资本充足比率的国际监管条例的建议》，同时库克委员会广泛地向各会员国征集对该建议的意见和设想。在此基础上，库克委员会对其作了进一步的修改，并提交12国中央银行审议。1988年11月，西方12国集团②中央银行行长在巴塞尔签署通过了《关于统一国际资本衡量和资本标准的协议》（简称《巴塞尔协议Ⅰ》），为银行资本充足率规定了统一的标准。

（二）巴塞尔协议对国际银行业的影响

《巴塞尔协议Ⅰ》对国际银行业的发展和各国的银行管理有着深远的影响。其一，它为国际银行间的监督和管理确定了统一标准和依据，加速了各国银行国际化的步伐，有助于各国在平等的基础上进行竞争，并为各国银行在各种金融风潮中平稳有序的运营提供了进一步的保障。其二，在加快发展中国家和地区与西方发达国家银行之间一体化趋势的同时，也增大了发展中国家和地区在国际金融市场上筹资的成本和难度。

《巴塞尔协议Ⅰ》试图通过控制和提高资本在风险资产中所占的比例来增强银行经营的稳定性，它揭开了商业银行国际监管的新篇章，具有划时代的历史意义。

二、《巴塞尔协议Ⅰ》的主要内容

《巴塞尔协议Ⅰ》主要包括三个方面的内容：资本的构成、风险资产的计算和最低资本充足率要求。最低资本充足率要求是其核心内容。

（一）资本的构成

《巴塞尔协议Ⅰ》规定，银行资本可以分为核心资本和附属资本两大类。核心资本又称为一级资本，是商业银行最基本和最可靠的资本来源，是银行发展的基础和

---

①10国集团：指美国、英国、德国、法国、日本、荷兰、意大利、比利时、加拿大和瑞典。10国集团的中央银行于1974年底共同成立巴塞尔银行监管委员会，作为国际清算银行的一个正式机构。

②12国集团：指比利时、加拿大、法国、德国、意大利、日本、卢森堡、荷兰、瑞典、瑞士、英国和美国。它们是巴塞尔银行监管委员会现有成员。

条件。核心资本是衡量商业银行资本充足率的基础,它对银行的盈利及竞争能力有着巨大的影响。核心资本由永久的股东权益、公开储备和附属机构的少数股东权益这三部分组成。

(1) 永久的股东权益。这是发行并完全缴足的普通股股本和永久性非累积优先股。

(2) 公开储备。其主要表现为银行资产负债表上的留存盈余或其他盈余(如因资本盈余、留存利润、普通准备金和法定准备金的增值而产生的新增储备)。

(3) 附属机构的少数股东权益。这主要是针对综合列账的银行持股公司而言的,其所持有的附属子公司中的少数股东权益也属于核心资本的范畴。

除此以外,其他资本形式都不应列于核心资本的范围。

附属资本又称为二级资本,是处于从属地位的资本。《巴塞尔协议Ⅰ》规定,附属资本由五种形式的资本构成。

(1) 非公开储备。非公开储备是指不在商业银行资产负债表上公开标明的储备,这种储备与公开储备具有相同的作用,可以自由、及时地被用于应对未来不可预测的损失。但又因为它没有公开于资产负债表上,所以许多国家不承认其为资本的合法构成部分,因此不被包括在核心资本中。只有在国家监管部门许可的情况下,非公开储备才可以计入附属资本的范围内。

(2) 重估储备。重估储备来源于对银行资产的重新估价,以便反映其真实的市场价值,或者使其相对于历史成本更接近于真实价值。《巴塞尔协议Ⅰ》认为,重估储备有两种来源:一是对计入资产负债表的银行房产的正式重估,这种方式产生的储备称为房产物业重估储备;二是资本的名义增值,这是由于银行持有的有价证券价值上升所造成的,称为证券重估价值。

巴塞尔委员会认为,只有当一国监管机构判定用于重估储备的资产是审慎作价的,并且充分反映了价格波动及被迫强制销售的可能性,才能将重估储备计入附属资本的范畴。另外,巴塞尔委员会还认为,重估储备应按其账面价值与市场价值之间差额的55%列入附属资本,以便反映市场价值波动的风险以及增值收益实现后需要纳税的可能性。

(3) 普通呆账准备金。这是银行为了应对未来可能出现的亏损而设立和提取的准备金。银行为应对已经确认的损失或资产价值明显下降的现象而设立的准备金,由于不是为了应对未出现的损失的,因此不能列入附属资本的范畴。

(4) 带有债务性质的资本工具。这类资本工具带有一定的股权性质,又有一定的债务性质,能够在不必清偿的情况下承受损失、维持银行经营,因而可以列入附属资本。《巴塞尔协议Ⅰ》规定,带有债务性质的资本工具一般具有以下几个特点:第一,它们是无担保的、从属的和缴足金额的;第二,它们不能被持有者主动赎回,也不能未经监管当局事先同意而赎回；第三，除非银行被迫停止营业，否则它们必须用于分担损失；第四，当银行入不敷出时，可以允许推迟支付这些资本工具的利息。以这些标准来衡量，累积性优先股可以列入这类资本，加拿大的长期优先股、法国经常变动的参与证券和从属证券、英国的循环从属债务和优先股、美国强制性的可转换债务工具都可列入这一范畴。

（5）次级长期债务。这主要是指普通无担保的、期限在5年以上的次级债务资本工具和不许赎回的优先股。这类工具由于期限固定，并且通常来说不用于分担继续从事交易产生的银行损失，因而必须对其在资本中所占的比例进行严格限制，这类资本最多不能超过核心资本的50%。

（二）风险资产计算

《巴塞尔协议Ⅰ》规定，采用"风险加权制"即"资本/加权风险资产"作为评估资本充足程度的主要尺度，并确定了一个尽可能简单的权重结构，即0%、10%、20%、50%、100%。

资本充足率的计算，需要将资产负债表项目的账面价值与相应的风险权重相乘，计算出加权风险资产总额；表外项目则要根据相应的信用转换系数和交易对方的性质确定风险权重，进而计算出信用风险等额总和。

（三）最低资本充足率

《巴塞尔协议Ⅰ》规定，资本相对于加权风险资产的最低比率是8%，其中核心资本至少应占一半，即最低占加权风险资产的4%。此外，《巴塞尔协议Ⅰ》对附属资本的构成也作出了限制：附属资本中普通贷款损失准备金不能超过加权风险资产的1.25%，次级长期债务不能超过核心资本的50%。

按照该协议的要求，从协议生效起至1992年年底止的4年半时间为过渡期，此后各国银行都将严格执行《巴塞尔协议Ⅰ》的规定。

三、对《巴塞尔协议Ⅰ》的补充和修正

《巴塞尔协议Ⅰ》实施以来，尽管国际银行界在防范风险方面作出了巨大努力，但重大风险事故仍屡屡发生。为了适应不断发展变化的金融形势，巴塞尔委员会于1992年2月对商业银行资本构成作了补充性规定，即用于弥补外国资产和不动产损失的普通准备金不再计为资本，并且计入资本之内的准备金不得超过银行风险资产

的1.25%。另外，用于弥补普通用户风险的资金和未公开储备也可计入核心资本（视具体情况而定）。其后，1993年，巴塞尔委员会提出制定银行市场风险资本的要求，这被称为《巴塞尔委员会资本协议的修正案》。修正案主要针对国际金融市场中越来越活跃的金融创新工具所带来的市场风险而制定，与原协议存在以下三方面的不同。

第一，原协议主要针对信贷风险，修正案着重关注市场高风险。

第二，修正案引入了三级资本概念，即在原有的一、二级资本基础上，新引入了三级资本概念。成为三级资本的条件如下：一是到期日至少为2年的次级债券，且必须在需要时能成为银行的部分永久性资本；二是必须是无担保的、不得提前偿还的债务，并且条款保证当银行偿还该债务使其资本充足率降至最低要求以下时，即使债务到期，银行也不必偿还本金或支付利息。三级资本只用于防范市场风险，在不违反1988年协议的前提下，可替代部分二级资本。

第三，银行最低资本要求包括协议规定的信贷风险资本和按修正案的规定方式计算出的市场风险资本。

1996年6月，巴塞尔银行监管委员会就1988年的资本定义再次进行修改，增加了许多风险管理的内容，并颁布了新资本协议草案，要求各国于2000年3月提出修改意见。2004年6月，10国集团的中央银行行长和银行监管当局负责人举行会议，一致同意公布新资本充足率框架，现在普遍称之为《巴塞尔协议Ⅱ》。

四、《巴塞尔协议Ⅱ》的基本框架

《巴塞尔协议Ⅱ》的基本框架主要包括三部分内容，即最低资本要求、监督检查以及市场纪律，它们构成了《巴塞尔协议Ⅱ》的三大支柱，具体内容如表6-1所示。协议认为这三大支柱相互补充，在保障银行业及其各个机构的财务健康方面缺一不可。另外，该协议也认识到三个支柱无论哪一个都不能取代有效的银行管理。

表6-1 《巴塞尔协议Ⅱ》三大支柱

支柱一	最低资本要求：考虑信用风险（可采用标准法和内部评级法进行计量）、市场风险（可采用标准法和内部模型法进行计量）、操作风险（可采用基本指标法、标准法和高级法进行计量）
支柱二	监督检查：要求监管机关对银行资本充足率计提及资本分配是否符合相关标准进行质量性评估，并做必要的干预
支柱三	市场纪律：规定信息公开揭露条件，以加强市场纪律

(一) 支柱之一——最低资本要求

《巴塞尔协议Ⅱ》没有修改资本的定义，仍将资本分为核心资本与附属资本。新协议在第一支柱中考虑了信用风险、市场风险和操作风险，并为计量风险提供了几种备选方案。关于信用风险的计量，新协议提出了两种基本方法：第一种是标准法，第二种是内部评级法，内部评级法又分为初级法和高级法。对于风险管理水平较低一些的银行，新协议建议其采用标准法来计量风险，以此计算银行资本充足率。根据标准法的要求，银行将采用外部信用评级机构的评级结果来确定各项资产的信用风险权重。当银行的内部风险管理系统和信息披露达到一系列严格的标准后，银行可采用内部评级法。内部评级法允许银行使用自己测算的风险要素计算法定资本要求。其中，初级法仅允许银行测算与每个借款人相关的违约概率，其他数值由监管部门提供，高级法则允许银行测算其他的数值。类似地，在计量市场风险和操作风险方面，委员会也提供了不同层次的方案以备选择。

(二) 支柱之二——监督检查

巴塞尔委员会认为，监管部门的监督检查是最低资本要求和市场纪律的重要补充，具体包括以下内容。

1.监管部门监督检查的四大原则

原则一：银行应具备与其风险状况相适应的评估总量资本的一整套程序，以及维持资本水平的战略。

原则二：监管部门应检查和评价银行内部资本充足率的评估情况及相关战略。若对检查结果不满意，监管当局应采取适当的监管措施。

原则三：监管部门应希望银行的资本高于最低监管资本的要求。

原则四：监管部门应争取先行干预从而避免银行的资本低于抵御风险所需的最低水平，如果银行的资本得不到保护或恢复，监管部门应迅速采取补救措施。

2.监管当局检查各项最低标准的遵守情况

银行要披露信用风险和操作风险的计算方法，监管部门必须确保上述条件自始至终得到满足。巴塞尔委员会认为，对最低标准和资格条件的检查是第二支柱下监管检查的有机组成部分。

3.监管部门监督检查的其他内容

监管部门还需要监督检查很多其他内容，比如对银行账簿利率风险的处理。

(三) 支柱之三——市场纪律

巴塞尔委员会强调，市场纪律具有强化资本监管、帮助监管部门提高金融体系安全性的潜在作用。新协议在适用范围、资本构成、风险暴露的评估和管理程序以及资本充足率四个领域规定了更为具体的定量及定性的信息披露内容。监管部门应评价银行的披露体系并采取适当的措施。新协议还将披露划分为核心披露与补充披露。巴塞尔委员会建议，复杂的国际环境要求银行全面、公开披露核心及补充信息。关于披露频率，巴塞尔委员会认为最好每半年一次，对于易失去时效性的披露信息，如风险暴露等，最好每季度披露一次。不经常披露信息的银行要公开解释其政策。巴塞尔委员会鼓励利用电子、网络等手段多渠道地披露信息。

五、《巴塞尔协议Ⅲ》的主要内容

在美国雷曼兄弟破产两周年之际，《巴塞尔协议Ⅲ》在瑞士巴塞尔出炉。《巴塞尔协议Ⅲ》是在2008年全球金融危机的直接影响下产生的，该协议的草案于2010年被提出，并在短短一年时间内获得最终通过。本次修改主要集中在三方面的内容：最低资本金比率要求、对一级资本的定义以及过渡期安排。在最低资本金比率方面，商业银行的普通股占资本金的最低比重从原来的2%提升至4.5%，也就是所谓的核心一级资本比率，另外还建立了"资本留存缓冲"和"逆周期资本缓冲"机制。此外，商业银行更宽泛的一级资本充足率下限则从原来的4%上调至6%。《巴塞尔协议Ⅲ》是全球银行业监管的标杆，其出台引发了国际金融监管准则的调整和重组，影响着银行的经营模式和发展战略。

2009年12月，巴塞尔委员会发布了关于核心一级资本的标准，指出核心一级资本由普通股和留存收益共同构成，具有最强的损失吸收能力，将普通股（包括留存收益）视为最高质量的银行资本的组成部分。其他一级资本则是永久非累计优先股（注意：累计优先股和固定期限优先股不能计入核心资本，只能计入附属资本）；一般认为，核心一级资本在核心资本中的比例越高，整个核心资本的质量也越高。

过去，巴塞尔委员会规定核心资本充足率不低于4%，同时要求核心一级资本比率不低于2%。改革后，巴塞尔协议要求核心资本充足率不低于6%，核心一级资本比率不低于4.5%。与此同时，巴塞尔委员会还要求建立"资本留存缓冲"，留存2.5%的超额资本，其全部由普通股构成。在此情况下，核心一级资本由4.5%进一步上升至7%，银行核心资本则由6%上升至8.5%。另外，当出现系统性贷款高速增长的情况下，商业银行须计提"逆周期缓冲"，留存0~2.5%的超额资本，其也基本上只能由普通股或其他高质量资本构成。因此，在极端情况下，如果监管部门要求银行额外计提最高占比达2.5%的"逆周期缓冲"，那么银行由普通股构成的核心一级资本就需要从7%上升至9.5%，核心资本则将从8.5%上升至11%。《巴塞尔协议Ⅲ》作出的主要变化如表6-2所示。

表6-2 《巴塞尔协议Ⅲ》的主要变化

			原规定	现规定	原规定	现规定
核心资本	核心一级资本	普通股	2%	4.5%	4%	6%
		公开储备				
	其他一级资本	永久性非累计优先股	—	—		
附属资本	非公开储备、重估储备、普通呆账准备金、混合资本工具、次级长期债务					—
资本缓冲	资本留存缓冲					2.5%
	逆周期资本缓冲					0~2.5%

拓展阅读

中国版"巴塞尔协议Ⅲ"

《商业银行资本管理办法（试行）》（以下简称《管理办法》）于2013年1月1日开始实施。这是我国为满足国际新监管标准，并结合我国银行业实际而制定的银行资本监管新规，又被称为中国版"巴塞尔协议Ⅲ"。

我国银行业实施更为审慎的资本充足率监管标准。根据《管理办法》，核心一级资本、一级资本和总资本的最低要求调整为5%、6%和8%。商业银行应当在最低资本要求的基础上计提储备资本。储备资本要求为风险加权资产的2.5%，由核心一级资本来满足。特定情况下，商业银行应当在最低资本要求和储备资本要求之上计提逆周期资本。逆周期资本要求为风险加权资产的0~2.5%，由核心一级资本来满足。2021年，中国人民银行会同原银保监会联合发布《系统重要性银行附加监管规定（试行）》，对系统重要性银行提出更高的资本要求。系统重要性银行在满足最低资本要求、储备资本和逆周期资本要求基础上，还应满足一定的附加资本要求。系统重要性银行分为五组，第一组到第五组的银行分别适用0.25%、0.5%、0.75%、1%和1.5%的附加资本要求。

根据《管理办法》，我国商业银行的资本构成如图6-1所示。

商业银行采用权重法计量信用风险加权资产的，超额贷款损失准备可计入二级资本，但不得超过信用风险加权资产的1.25%。此处的超额贷款损失准备是指商业银行实际计提的贷款损失准备超过最低要求的部分。贷款损失准备最低要求指100%拨备覆盖率对应的贷款损失准备和应计提的贷款损失专项准备两者中的较大者。

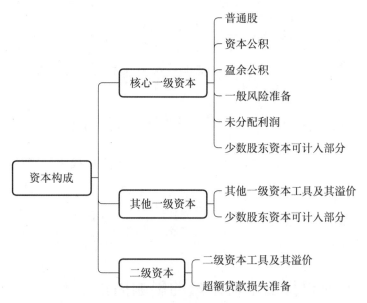

图6-1 中国版"巴塞尔协议Ⅲ"的资本构成

商业银行采用内部评级法计量信用风险加权资产，超额贷款损失准备可计入二级资本，但不得超过信用风险加权资产的0.6%。此处的超额贷款损失准备是指商业银行实际计提的贷款损失准备超过预期损失的部分。

第三节　资本的筹集与管理

商业银行的经营，需要一定数量的资本，作为对外开拓业务的基础和对内经营盈利的根基。国际组织规定，商业银行的资本充足率必须达到8%，其中核心资本充足率不少于6%。因此，资本筹集问题便成为商业银行经营管理的关键问题。

一、国际银行资本标准

根据《巴塞尔协议Ⅲ》,银行统一的资本要求包括:

(1) 核心一级资本与风险加权资产总额的比率不得低于4.5%,即

$$核心资本充足率 = \frac{核心一级资本}{风险加权资产总额} \times 100\% \geqslant 4.5\%。$$

(2) 一级资本(核心一级资本与其他一级资本之和)不得低于风险加权资产的6%。

$$核心资本充足率 = \frac{一级资本}{风险加权资产总额} \times 100\% \geqslant 6\%。$$

(3) 资本总额(一级资本和二级资本之和)与风险加权总资产的比率不得低于8%,即

$$全部资本充足率 = \frac{资本总额}{风险加权资产总额} \times 100\% \geqslant 8\%。$$

二、商业银行资本需求量的影响因素

资本量是评价商业银行偿债能力的重要指标,也是保证商业银行正常经营运转的必要条件,但这并不意味着商业银行的资本越多越好。资本过多,商业银行的资本管理成本将上升,资本利用率下降,从而造成收益下降。资本过少,则表明商业银行抵抗风险的能力差,既不利于对外开拓业务,也影响盈利水平的提升。因此,商业银行必须保持合理的资本数量。

各商业银行对于这个合理的资本数量的要求是不同的。规模较小的商业银行,信誉低,业务种类少,负债能力也较差,因而需要保持较高的资本资产比例;而规模较大的银行,信誉好,业务多,负债能力较强,因而可以保持较低的资本资产比例,其经营成本也往往比较小。商业银行的最适资本量,须根据经营环境和自身经营状况的变化而变化,不是一成不变的。当市场上的贷款需求很旺盛的时候,可以适当地降低资本持有量,或者通过不同渠道筹措资金;当市场贷款需求比较疲软、利率水平较低、高质量的贷款项目较少时,商业银行可以相应增加资本数量。

总的来说,商业银行的资本需求量影响因素很多,但理论界认为其主要影响因素可以归结为以下几种。

（一）宏观经济发展状况

商业银行的资本需求量与一国的经济发展周期有着密切的联系。当经济处于繁荣时期，市场供求状况正常，银行的债权债务波动不大，经营风险即可降低到最小，在这种情况下银行就不需要过多的资本。相反，在经济衰退或萧条时，银行将面临较大的信用风险和流动性风险，资金筹集渠道也相应萎缩，存款数量下降，资金紧张，此时，银行需要持有较多的资本数量。

（二）银行在同业间的竞争能力

银行的竞争能力是影响其资本需要量的重要因素。一般来说，在竞争中处于优势的银行资金来源质量好，吸收的资金数量比较充足，并且能方便地争取到较优的贷款与投资业务，因此只需保留较少的资本；在竞争中处于劣势的银行，则需要保留较多的资本，以便防范和控制风险。

（三）银行自身经营水平

这是影响银行资本持有量的内在因素。如果银行自身经营管理有方，资产质量较高，遭受损失的可能性就较小，所需要的资本量就较少。另外，商业银行的经营规模、负债结构、资产结构、经营目标也影响资本量的大小。一般来说，经营规模较大的银行所需资本量要大于经营规模小的银行；如果银行负债中的短期借款、活期存款等流动性强、不确定性高的资金比重大，那么银行就需要较多的资本来保障资金来源的稳定性。

（四）银行所处地区的经济状况

如果商业银行所服务的地区经济发达、资金来源充裕、金融体系发达、居民收入水平较高，则银行业务量很大，无需保持较高的资本资产比例。相反，如果地区经济发展水平较低，则商业银行要维持较高的资本量。

（五）法律因素

对银行资本需求量有直接影响的还有一国货币金融管理当局规定的关于银行注册资本的限额。商业银行达不到规定要求，就不能注册登记营业。

三、商业银行资本来源和积累

现代商业银行一般采用股份有限公司的组织形式,以发行股票的方式筹集的股份资本是银行资本的重要来源。股份资本可以分为名义资本与实收资本两种。名义资本是商业银行所发行股票的总金额,通常被称为股本。在美国和日本,商业银行的股东在商业银行成立时只需缴纳所认购股票面额的一部分——25%或50%,该部分资本是商业银行的实收资本,其余部分或是分期缴付,或是按银行的要求另行缴付。这样,实收资本就少于名义资本,但股东对商业银行所承担的责任仍以名义资本为准。

商业银行资本量的多少直接影响其资产规模,因此,银行资本数量不足或要实现预期的资产扩张目标,就要考虑增加资本并选择适合的筹资方式。通常,对银行资本来源的选择要考虑三个因素:一是发行股票和债券时的市场状况;二是现有股东的权利和利益;三是银行管理层对银行预期收益的信心。一般来说,商业银行增加的资本分为内源性资本和外源性资本两种。

(一) 内源性资本

内源性资本是商业银行通过内部积累增加的资本。在营业年度结束之后,商业银行通过决算将获得的收益扣除各项利息和费用开支,再按照一定比例缴纳所得税,税后利润除用于股息支付外,还应拿出一部分作为留存盈余补充银行资本。

内部资本积累主要有下列渠道。

(1) 法定盈余公积金。银行的法定盈余公积金是银行依法在税后利润(减弥补亏损)中提取的一种储备金,提取的比例为10%。法定盈余公积金累计达到注册资本的50%时,可不再提取。法定盈余公积金可用于弥补亏损或转增资本,但转增资本时,以转增后留存银行的法定盈余公积金不少于注册资本的25%为限。

(2) 任意盈余公积金。这是股份制银行在银行税后利润弥补亏损,提取法定盈余公积金、公益金,支付优先股股息后提取的一种储备金。任意盈余公积金按照银行章程规定或股东会议决议提取和使用。任意盈余公积金可以按法定程序转增资本。

(3) 资本(或股本)溢价。资本(或股本)溢价按规定应计入银行的资本公积账户,可以按规定程序转增资本。

(4) 法定财产重估增值。法定财产的重估增值,是指银行以实物、无形资产对外投资时,其资产重估价值与其账面价值的差额。这是银行资本公积金的主要来源。

另外，银行分离、合并、变更投资时，资产重估价值与其账面价值的差额以及接受捐赠的财产等，也要计入资本公积金中。

对于股份制商业银行来说，这种增资方式的优点在于能为股东减少税负，节约增发股票的费用，避免因发行新股而导致原股东红利收入的减少及其对银行控制权的削弱。但是，内部资本积累可能引起银行股票市价的下跌。因为留存盈余增加，意味着分配给股东的红利减少，由此会降低其股票的市场吸引力，从而导致股价下跌。

（二）外源性资本

资本的内部筹措主要源于银行利润，由于银行利润有限，因此以这种方式筹措的资本在数量上会受到制约，大量的资本需要通过外部途径来获得。

从外部增加资本的途径包括发行普通股、优先股、资本票据和债券等。银行在选择采用哪种方式来补充资本时，通常要考虑以下几种因素：一是每种资本形式的相对成本、与此相关的各种费用开支以及政府的监督等；二是对股东收益的影响，即对股东当前和未来在银行所有权和控制权方面的影响；三是每种资本形式的相对风险；四是发行新资本对资本市场的影响；五是相关法规对资本数量和结构的规定。下面具体介绍从外部增加资本的途径。

（1）增发普通股。商业银行的普通股是其资本的基本形式，是股东的一种权利证书。普通股股东享有对银行经营的控制权，有权参加股东大会，并按股份行使表决权和选举权。此外，普通股股东还享有分配权，包括银行税后利润的红利分配权和银行破产后对银行剩余财产的分配权。普通股股东是银行的所有者和代表者。

商业银行以普通股的形式筹集资本，具有几大优点：①没有固定的股息负担，银行具有主动权和较大的灵活性；②没有固定的偿还期；③银行的普通股越多，债权人的保障程度就越高，银行的信誉也就越好，有利于银行筹资；④对股东来讲，拥有普通股既可以控制银行，又可以参与分红，而且在通货膨胀期间不一定贬值，这对投资者有较大吸引力，从而有利于银行筹集资本。但是，不可忽视的是，增发普通股会影响原股东的控制权，影响原有普通股的收益率，而且发行成本也很高。

（2）发行优先股。优先股是商业银行发行的一种收益固定的股票，其对银行收益和清算时的剩余财产的求偿权先于普通股，但在存款和其他债券之后。优先股股东一般没有投票决策权和选举权，不直接参与银行经营管理。一般而言，银行破产清算时，如果没有剩余财产，可以不归还优先股股东的这部分股本。

商业银行以发行优先股的形式筹集资本，不削弱普通股股东的权益，而且其股息固定，银行支付成本固定，普通股股东还可获得杠杆效益，但是这种筹资方式较一般负债成本高，没有税收优惠，而且优先股数量过多会降低银行信誉。

（3）发行资本票据和债券。这种筹资方式的优点主要是筹资成本较低。它与优先股一样，成本固定，对普通股收益影响较小，并可避免削弱股东对银行的控制权。它的缺点在于，资本票据和债券不是永久性资本，银行对其使用受期限限制。根据《巴塞尔协议》的规定，这种资本不属于核心资本，如果在银行总资本中所占比重较大，会影响银行的信誉和地位。另外，它与优先股一样，也可能影响银行收益分配的灵活性。

对于我国的商业银行来说，外部筹资方式主要有两种：一是由国家进行投资，例如我国商业银行以前采用的由财政增拨信贷基金的办法即属于这种；二是发行长期资本债券，例如发行偿还期在五年以上的资本期票和债券。

案例分析

长沙银行股份有限公司资本管理规划
（2022—2024年）

为满足资本监管政策和宏观审慎管理政策的要求，进一步加强资本管理，提升资本运用效率，保持较高资本质量和资本充足率水平，有效促进业务稳健发展，长沙银行股份有限公司（以下简称"本行"）在充分考虑监管规定和本行未来发展战略及业务规划的基础上，特制定2022—2024年资本管理规划。

一、资本规划的内外部因素

（一）宏观经济形势

当前全球经济形势依旧复杂严峻，仍处于深度调整期，总体呈现不稳定和不平衡发展格局。国内宏观经济情势下，新冠疫情对我国经济的影响总体可控，我国经济韧性强、潜力足、回旋余地广，长期向好的基本面没有变，但受世界局势复杂演变、国内疫情反弹等多种因素影响，我国经济发展环境的不确定性上升，经济下行压力有所加大。同时，受宏观审慎评估等各种监管政策叠加影响，广义信贷扩张将受到限制，银行业服务中小微企业的要求增高，对商业银行的资本充足水平和资本质量都提出更高要求，商业银行面临的经营环境日益复杂。在此背景下，商业银行需要进一步夯实资本基础，提高风险抵御能力，以确保业务持续稳健发展。

（二）外部监管环境

监管部门对商业银行的资本要求不断强化。2013年1月2日正式施行的《商业银行资本管理办法（试行）》提高了我国商业银行资本监管的标准，明确规定了商业银行资本充足率达标要求，在资本定义和风险资产的计量监督检查方面更加严格。2017年，中国人民银行正式推行的宏观审慎评估体系（MPA）将广义信贷增速与银行资本水平直接挂钩，商业银行业务发展受到更强的资本约束。与此同时，监管部门积极推进资本工具创新，提出商业银行应多措并举、夯实资本，坚持以内源性资本积累为主的资本补充机制，同时结合境内外市场特点，综合运用外源性资本补充渠道提升资本充足水平。为积极应对监管、货币等多重政策叠加以及资管新规的影响，商业银行在资本补充、资本运用方面需有更具前瞻性的规划，以获取业务经营的主动性。

（三）资本供需情况

从资本需求来看，未来三年本行资本需求将进一步加大。一是结合银行业发展趋势、国家建设统一大市场的政策方针以及本行转型发展战略和县域金融的推动实施，预计未来本行总资产仍将保持平稳增长态势。二是本行高度重视股东回报，为使投资者分享本行不断成长带来的收益，预计未来分红水平将进一步提高。

从资本供给来看，一是随着利率市场化的深入和政策支持实体经济力度加大，银行业整体息差预期逐步收窄，内生性盈利对资本补充能力进一步下降。二是在经济面临下行压力的同时，企业经营环境有所趋弱，银行业总体信贷资产质量持续承压，对利润带来更高挑战。预计未来三年本行资本需求和内源性资本补充之间将存在一定缺口，需要开展外源性资本补充。

二、资本管理目标

根据《商业银行资本管理办法（试行）》的规定，非系统重要性银行至少需满足核心一级资本充足率7.5%、一级资本充足率8.5%、资本充足率10.5%的最低要求。资本充足率最低要求是在任一时点不低于当时的资本监管要求，在此基础上，本行还应持有一定的资本储备作为资本缓冲，以提高本行把握市场机会及抵御风险的能力。

资本缓冲须考虑两个方面因素：一是银保监会将对商业银行内部资本充足评估程序（ICAAP）进行评估，综合决定对各级资本充足率的加点要求；二是宏观审慎评估体系（MPA）逐步从严，为兼顾规模增长与监管达标，资本充足率未来将面临更高限制。

2021年3月本行完成非公开发行后资本实力显著增强，资本充足水平良好。2021年年末，本行核心一级资本充足率为9.69%，一级资本充足率为10.90%，资本充足率为13.66%；核心一级资本充足率和一级资本充足率较2020年年末分别提升1.08个百分点和0.93个百分点。

从本行目前的资本充足率水平出发，本行应优先补充核心一级资本，其次补充二级资本。主要原因为：2021年年末资本充足率高于最低监管要求3.16个百分点，核心一级资本充足率则仅高于最低监管要求2.19个百分点，未来随着业务扩张，核心一级资本充足率仍然面临着进一步下降的风险。

综合上述要求，2022—2024年本行资本充足率最低目标为：核心一级资本充足率不低于7.5%，一级资本充足率不低于8.5%，资本充足率不低于10.5%，并就各级资本充足率在最低目标基础上保持适当缓冲空间，维持本行作为资本充足银行的良好形象。如经济金融形势出现较大波动，监管机构调整商业银行最低资本充足率要求，本行的资本充足率目标应随监管机构要求进行相应调整。同时，为进一步满足日益严格的监管要求，积极应对日渐激烈的市场竞争环境，本行将积极完善内外部资本补充机制，优化风险加权资产管理，努力提高资本实力，提升资本充足率水平。

三、资本补充规划

未来三年，本行将坚持内生资本补充为主、外源融资为辅的原则，多渠道、多方式筹措资本来源，努力保持资本水平充足。同时做到资本补充和结构优化并举，形成科学合理的资本结构，实现资本组合不同成分的审慎平衡。

（一）内生性资本补充

本行坚持以内部资本补充为主，实现业务经营可持续发展。一是提升盈利能力。未来三年，本行将进一步优化业务结构和客户结构，强调存量挖潜和增长质量，提高风险定价能力，注重成本费用管控，提高资本回报水平，保持净利润稳健增长，通过合理的利润留存持续补充所有者权益。二是充分计提拨备。根据稳健审慎的经营策略，本行将继续坚守风险管理的底线，保证较为充足的拨备计提水平，在提高风险抵御能力的同时，进一步增强资本实力。三是制定适当的分红政策。本行将制定合理适当的分红政策，在保证股东利益的前提下，增强资本积累，以满足资本补充的需要，促进本行长期可持续发展。

（二）外源性资本补充

在资本内生积累的前提下，本行将积极实施外部资本补充，提高整体资本实力。一是合理使用资本工具。未来三年，本行将综合考虑市场环境、融资效率、融资成本等因素，择机实施外源资本补充计划。根据监管规定、市场状况以及资本充足目标实现情况，本行将适当调整和更新资本补充的具体计划，合理选择资本工具进行资本补充，包括但不限于普通股、优先股、可转债、永续债、二级资本债等。二是探索资本工具创新。本行将在监管部门许可的条件下，充分运用资本监管法规框架允许的各类新工具和渠道，不断探索和创新资本补充工具，拓宽资本补充渠道，提高资本补充的主动性和灵活性，形成多元化、动态化、不同市场的资本补充机制。

四、资本规划落实保障策略

（一）加强资本规划管理，确保资本充足稳定

本行将以资本规划为纲领，将资本充足率目标纳入年度预算体系、资产负债管理政策以及风险偏好，实现从资本规划到资本预算、资本配置的有效传导。同时按期滚动编制中长期资本规划，并根据宏观环境、监管要求、市场形势、业务发展等情况的变化，及时对资本规划进行动态调整，确保资本水平与未来业务发展和风险状况相适应。

（二）加大资产结构调整，提高资本运用效率

不断优化全行资产和收入结构，通过全行资本配置、总行条线风险加权资产限额、分支行经济资本等方式，优先发展和引导综合收益较高、资本效率较高的业务。同时在存量方面，科学控制无效的、低效的风险加权资产占用，并寻求ABS机会腾挪资产空间。

(三) 加强资本充足评估，筑牢风险防控底线

持续开展内部资本充足评估程序，充分识别、计量、监测和报告主要风险状况，加强资本水平与经营状况、风险变化和发展战略的匹配程度。充分考虑各类风险因素，不断优化压力测试体系，完善压力测试情景，健全资本充足率压力测试机制。明确压力情景下的相应政策安排和应急措施，以确保本行资本能够应对不利的市场变化。

(四) 完善资本考核体系，增强资本节约意识

不断更新和迭代经济资本管理制度和绩效考核制度，切实将资本约束贯穿于业务引导、产品定价、资源配置、绩效考核等经营管理过程中，将资本成本概念和资本管理理念融入经营管理的各个环节。进而根据《巴塞尔协议Ⅲ》改革的动向，将政策变化内嵌到本行的考核体系中去，以更好地形成差异化的经济资本，精准引导业务的轻资本偏好。

案例思考

资本的筹集和管理是银行业经营中最核心的问题之一。拓宽和创新资本补充渠道，是商业银行应努力实现的目标之一。一级资本工具创新中，出现了可转换优先股、增强型资本票据等资本工具；二级资本工具创新中，减记型二级资本工具的出现无疑是一个突破。根据原银保监会要求，商业银行的资本规划应至少预测未来三年情况的变化，着眼长远。

▶ 商业银行运营沙盘

商业银行资本也称银行资本金，它是商业银行开始营业的本钱和铺底资金，是投资者为赚取利润而投入商业银行的货币和保留在银行中的收益。即银行资本有两个来源：一是商业银行创立时筹措的资本；二是商业银行经营利润的留存。在商业银行运营沙盘中，银行资本金在期初由老师确定。假设期初银行资本金为6000万元，则第一期沙盘盘面将显示现金（金币）6000万元，这就是各银行团队开始营业的本钱，可以用来建设分行、创设机构、支付各项税费等。在资产负债表中，资本即为所有者权益。

各银行团队在运营中要尽可能增加资本金即所有者权益，资本充足率要符合监管要求。在沙盘规则中，商业银行只能通过内部积累增加资本，没有外源资本补充途径（除非银行破产、老师注资）。商业银行将获得的年度收益扣除各项利息和费用开支后，再按照一定比例缴纳所得税，税后利润除支付股息外，作为留存盈余保留在银行，以增加银行资本。根据新版《巴塞尔协议》，在商业银行运营沙盘中，银行资本即核心资本，银行的全部资本充足率等同于核心资本充足率。

在商业银行运营沙盘的资本管理中，一方面要增加收益，另一方面还要控制风险，控制损失。如果信用风险、操作风险、市场风险和投融资风险的总风险值

> 过高，资本充足率低于10%，就会被监管扣分。损失的来源是不良贷款，贷款的损失会侵蚀资本，一旦损失过大，超过银行的资本金，那银行就会破产。

本章小结

1. 银行资本金是商业银行开始营业的本钱和铺底资金，是投资者为赚取利润而投入商业银行的货币和保留在银行中的收益。资本在商业银行的经营管理中发挥着极其重要的作用，须满足金融管理部门的规定要求，是商业银行开业的先决条件，可以为银行的经营活动提供信誉保证。资本可以弥补日常经营过程中的暂时性资金短缺，保护存款人和其他债权人的利益。

2. 《巴塞尔协议》指出，银行资本划分为核心资本和附属资本两部分。核心资本由永久的股东权益、公开储备和附属机构的少数股东权益这三部分组成。附属资本又称为二级资本，是处于从属地位的资本。附属资本由非公开储备、重估储备、普通呆账准备金、带有债务性质的资本工具和次级长期债务五种形式的资本构成。

3. 《巴塞尔协议》对国际银行业的发展和各国的银行管理有着深远的影响。随着银行风险日益多元化、复杂化，巴塞尔银行监管委员会对1988年的《巴塞尔协议》进行了一系列修订。自2008年金融危机爆发以来，巴塞尔银行监管委员会于2010年发布了《巴塞尔协议Ⅲ》的框架，其已成为全球银行业风险管理的新标准。

4. 商业银行资本筹集主要有内部和外部两个渠道。未分配利润是银行从内部积累资本的重要来源，外部资本的筹集渠道包括发行普通股、优先股、次级债券等。

实训练习

选择一家上市银行，查阅其年度财务报告和银行资本管理规划，了解该银行最新披露的一级资本充足率和资本充足率，以及补充资本的主要方式。

第七章 商业银行财务管理

商业银行财务管理，是以国家的方针、政策和制度为依据，对商业银行资金筹集、运作、分配及与之相关的成本、费用、收益等指标进行计划、组织、调节和控制等工作的总称。商业银行财务管理的目标是在稳健经营和提高资产质量基础上实现价值最大化。本章共五节，第一节阐述了商业银行预算管理；第二节是关于财务报告的概述，介绍了三大财务报表及它们之间的联动关系；第三节介绍了商业银行营业收入的含义、种类和管理；第四节则涉及营业成本和营业费用的控制；第五节说明了如何使用财务比率法和杜邦分析法对银行的经营活动作出分析和评估。

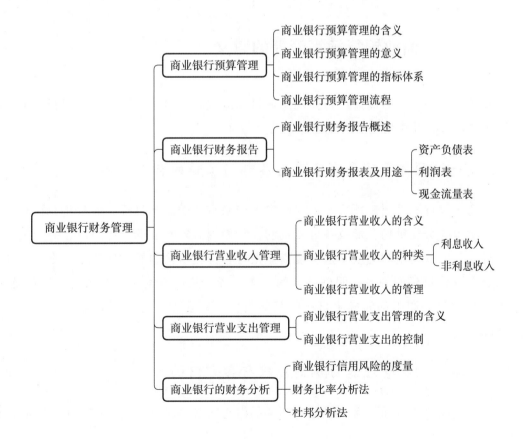

第一节 商业银行预算管理

预算是计划工作的成果，它既是决策的具体化，又是控制生产经营活动的依据。预算在传统上被看成是控制支出的工具，但如今已成为"利用企业现有资源增加企业价值的一种方法"。

一、商业银行预算管理的含义

商业银行预算管理是指商业银行根据自身发展战略，结合自身实际情况，对内部各部门、各单位的财务及非财务资源进行合理分配、考核、控制，协调组织经营活动、完成经营目标的过程。商业银行预算管理具有规划未来、界定权责、经营控制、沟通协调、业绩考评、资源配置和激励约束等功能。

二、商业银行预算管理的意义

预算管理是保障商业银行实现总体目标的重要手段，是强化商业银行内部管理的重要环节，其作用主要表现在以下几个方面。

（一）预算管理是商业银行各部门工作的奋斗目标

商业银行通过制定预算，不仅确定了未来奋斗的总体目标，而且将总体目标分解落实到各分支机构，形成各分支机构在计划期必须完成的具体目标，并指出达到目标应采取的措施和方法。这将使商业银行各分支机构领导和职工了解自己的任务与企业总体目标的关系，明确自己的工作任务，从而激发每个职工的工作积极性。如果各部门和职工都完成了自己的具体目标，商业银行总体目标的实现也就有了保障。

（二）预算管理能协调商业银行各部门的工作

要完成总体目标，商业银行内部各部门之间必须相互协调、密切配合。各部门由于职责分工不同,为了追求各自的利益,在工作中往往会出现互相冲突的现象。各部门为了完成自己的任务,可能只关注本部门的工作,而不会考虑其他部门的利益。在这种情况下,即使本部门的工作完成了,但商业银行的整体目标反而未达到。通过预算管理,各部门将明确自己所承担的责任,从而迫使自己必须重视与其他部门之间的协调,减少各部门间的冲突和矛盾。

(三)预算管理是加强商业银行内部控制的依据

预算管理为商业银行各部门确定了具体的量化指标,如规模目标、客户指标、效益指标等。各部门的工作必须按预算进行,完成下达的各项指标。在预算执行过程中,各部门必须以预算为标准,通过计量对比,发现偏离预算的差异,分析原因,采取措施及时纠正。

(四)预算管理是商业银行考核各部门工作业绩的标准

下达给商业银行各部门的预算指标,既是各部门职工的奋斗目标,也是考核各部门工作业绩的依据。各部门是否完成了预算、完成情况如何,都可以通过将实际完成的结果与预算数进行对比,找出差异,以评定各部门和职工的工作业绩,并据此实行奖惩,促使其更好地工作。

三、商业银行预算管理的指标体系

商业银行预算指标体系包括财务指标、资产质量指标、规模结构指标、资本指标等指标体系。具体指标分类如下。

(1)客户指标,如对公客户数指标、零售客户数指标等。

(2)规模指标,如人民币存款日均增量、人民币贷款时点增量等。

(3)质量指标,如不良贷款金额、不良贷款清收额、不良贷款余额等。

(4)效益指标,如银行利差率、非利息收入净收益率、营业费用、资产收益率、权益报酬率等。

(5)结构性指标,如零售营业收入占比、对公营业收入占比、非利息收入占比、成本收入比例、现金资产比例、持有证券比例、贷款资产比例等。

(6)资本指标,如加权风险资产增量等。

四、商业银行预算管理流程

商业银行预算管理包括预算编制、预算执行与控制、预算调整和预算分析与考评等方面,如图7-1所示。

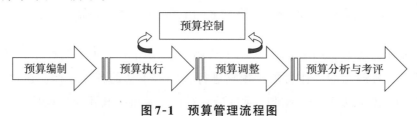

图7-1　预算管理流程图

(一) 预算编制

商业银行预算编制一般按照"上下结合、分级编制、逐级汇总"的程序进行。具体步骤如下。

(1) 商业银行总行分解年度战略目标,确定年度预算目标。商业银行预算管理委员会在收集各部门、各分支机构分类业务信息的基础上,对信息进行汇总分析并对前一年度战略目标进行修正。

(2) 分解年度预算指标。预算管理委员会将年度经营目标分解细化,确定年度预算编制基础、指导措施、考核指标和编制细则。

(3) 部署年度预算编制工作。预算委员会召开预算编制部署会议,会同总行财务部门、业务管理部门、人力资源部门等对年度预算编制内容、格式、原则、要求等作明确阐述,初步制定考核方案。

(4) 各部门和分支机构编制申报预算。各部门和分支机构根据预算编制格式等要求申报各部门和分支机构预算。

(5) 汇总预算、分析预算并提出调整意见。总行财务部门汇总各部门和分支机构预算,会同总行业务管理部门、人力资源部门等对预算申报进行初审并分析预算申报与经营目标的差异,进一步确定具体考核指标体系和内容。总行财务部门与各部门和分支机构讨论预算审核调整计划后,确定具体预算事项及金额。

(6) 下达预算。预算管理委员会将审定后的预算上报银行董事会及股东大会批准后,交由商业银行总行财务部按照部门、分行进行分解,正式将审定的年度工作预算管理方案和考核制度以发文的方式下发给各部门和分支机构。

（二）预算执行与控制

待预算编制完成后，商业银行必须在预算执行过程中落实预算方案，科学分解预算目标，明确各部门和分支机构的责、权、利，有效进行预算的执行和控制。预算执行与控制的具体步骤如下。

（1）目标分解是预算执行的第一步。这要求各部门和分支机构科学分解预算目标以明确各自的年度目标，并将目标落实到责任主体上，明晰权责。同时，在预算方案下达各部门和分支机构后，各部门和分支机构预算执行单位必须将预算指标分解细化，将责任落实到个人，推动全员参与预算目标的落实。

（2）层层分解预算指标，建立预算分析报告制度。这要求预算执行单位将每个报告周期的预算完成情况按期向上级预算管理层进行汇报，并提出整改措施和意见建议。

（三）预算调整

预算执行过程中，如预算制定的前提条件及经济基础发生了重大变化，或经营过程中出现重大变故而使得原定预算不再合适时，商业银行可根据现实情况适当调整原定预算。

（四）预算分析与考评

预算年度终了，商业银行总行财务部门及人力资源部门必须根据预算执行情况和内部审计机构的审计结果，按照年度考核制度进行综合考评，对预算责任单位进行多角度评价，并形成年度绩效考评和激励机制方案。预算制定与执行的效果需要通过预算分析与考核进行最终评价。通过对预算制定是否合理、预算执行是否到位、预算流程是否完善等情况的分析，对预算提出客观评价，从而指导和改进日后年度预算的制定。

第二节 商业银行财务报告

一、商业银行财务报告概述

商业银行财务报告是指银行对外提供的反映银行某一特定日期的财务状况和某一会计期间经营成果、现金流量的书面报告。它将银行各项经营活动转换为系统的、直观的客观数据，展现银行的过去、现在和未来。商业银行财务报告主要包括资产负债表、利润表、现金流量表和所有者权益变动表。资产负债表是反映银行某一特定日期全部资产、负债及所有者权益的报表；利润表是反映银行一定期间经营成果的报表；现金流量表是反映银行一定期间财务状况变动的报表。

二、商业银行财务报表及用途

（一）资产负债表

1. 资产负债表概述

资产负债表又称财务状况表，是反映商业银行在某一特定日期全部资产、负债、所有者权益增减变动情况及其各项目间联系的财务报表。资产负债表主要反映商业银行在某一时点所拥有的资产总量和构成情况以及对资产的运用能力，也可以反映商业银行资金来源及其构成，为报表使用者了解商业银行资金实力、清偿能力等财务情况及其发展趋势提供了有效工具。

2. 资产负债表的编制

资产负债表是依据"资产＝负债＋所有者权益"这一平衡原理而设计的。表7-1是招商银行股份有限公司2021年的资产负债表，从中可粗略了解商业银行资产负债表的基本结构。

表7-1 招商银行股份有限公司资产负债表

时点：2021年12月31日　　　　　　　　　　　　　　　　　　　　　　　　　单位：百万元

项目	2021年12月31日	2020年12月31日
资产		
现金	12,794	12,547
贵金属	4,554	7,873
存放中央银行款项	543,652	508,385
存放同业和其他金融机构款项	41,632	73,318
拆出资金	188,376	217,325
买入返售金融资产	523,516	282,240
贷款和垫款	5,023,050	4,510,864
衍生金融资产	23,179	46,526
金融投资：	2,033,493	1,955,139
以公允价值计量且其变动计入当期损益的金融投资	290,941	451,978
以摊余成本计量的债务工具投资	1,183,662	1,047,040
以公允价值计量且其变动计入其他综合收益的债务工具投资	552,498	449,428
指定为以公允价值计量且其变动计入其他综合收益的权益工具投资	6,392	6,693
长期股权投资	67,598	57,125
投资性房地产	945	1,057
固定资产	25,512	25,039
使用权资产	13,080	13,436
无形资产	7,849	8,725
递延所得税资产	79,712	71,043
其他资产	111,192	75,494
资产合计	8,700,134	7,866,136
负债		
向中央银行借款	159,987	331,622
同业和其他金融机构存放款项	732,631	699,161
拆入资金	55,710	59,494

续表

项目	2021年12月31日	2020年12月31日
以公允价值计量且其变动计入当期损益的金融负债	36,105	36,600
衍生金融负债	26,866	49,624
卖出回购金融资产款	137,857	126,673
客户存款	6,150,241	5,443,144
应付职工薪酬	15,853	12,194
应交税费	20,926	17,205
合同负债	7,536	6,829
租赁负债	13,164	13,468
预计负债	14,503	8,201
应付债券	398,672	291,246
其他负债	119,395	86,218
负债合计	7,889,446	7,181,679
所有者权益		
股本	25,220	25,220
其他权益工具	127,043	84,054
其中：优先股	34,065	34,065
永续债	92,978	49,989
资本公积	76,681	76,681
其他综合收益	15,010	8,153
盈余公积	82,137	71,158
一般风险准备	105,941	94,067
未分配利润	378,656	325,124
其中：建议分配利润	38,385	31,601
所有者权益合计	810,688	684,457
负债及所有者权益合计	8,700,134	7,866,136

（二）利润表

1.利润表概述

利润表又称损益表，是反映银行在一定时期内（如月度、季度或年度）经营成果的财务报表。利润表主要包括收入、支出和收益三大部分,主要反映商业银行的经济效益和盈亏情况,可用于分析商业银行的获利能力,对银行的管理水平作出评价,为商业银行经营决策提供依据。

2.利润表的编制

利润表是根据"利润＝收入—支出"这一平衡原理而设计的。表7-2是招商银行股份有限公司2021年利润表,从中可粗略了解商业银行利润表的基本结构。

表7-2 招商银行股份有限公司利润表

时期：2021年　　　　　　　　　　　　　　　　　　　　　　　　　　　　单位：百万元

项目	2021年	2020年
营业收入		
利息收入	314,346	294,497
利息支出	(116,671)	(114,998)
净利息收入	197,675	179,499
手续费及佣金收入	91,012	80,687
手续费及佣金支出	(8,556)	(9,988)
净手续费及佣金收入	82,456	70,699
投资收益	18,320	20,002
其中：对合营企业的投资收益	1,709	1,207
对联营企业的投资收益	491	-
以摊余成本计量的金融资产终止确认产生的损益	(651)	(279)
公允价值变动收益（损失）	1,627	(4,733)
汇兑净收益	3,125	1,771
其他业务收入	672	551
其他净收入小计	23,744	17,591
营业收入合计	303,875	267,789
营业支出		
税金及附加	(2,619)	(2,344)
业务及管理费	(102,434)	(90,459)
信用减值损失	(65,346)	(63,865)
其他资产减值损失	(6)	(1)

续表

项目	2021年	2020年
其他业务成本	(76)	(79)
营业支出合计	(170,481)	(156,748)
营业利润	133,394	111,041
加：营业外收入	274	161
减：营业外支出	(160)	(472)
利润总额	133,508	110,730
减：所得税费用	(23,714)	(22,056)
净利润	109,794	88,674

（三）现金流量表

1.现金流量表概述

现金流量表是反映一定时期内（如月度、季度或年度）企业经营活动、投资活动和筹资活动对其现金及现金等价物所产生影响的财务报表。现金流量表能反映企业一定期间内现金流入和流出的原因、企业的偿债能力和支付股利的能力，可以用来分析企业未来获取现金的能力。

2.现金流量表的编制

现金流量表以现金及现金等价物为基础编制，其会计基础是收付实现制，企业应当采用直接法或者间接法来编制现金流量表。表7-3是招商银行股份有限公司2021年现金流量表，从中可粗略了解商业银行现金流量表的基本结构。

表7-3　招商银行股份有限公司现金流量表

时间：2021年　　　　　　　　　　　　　　　　　　　　　　　　单位：百万元

项目	2021年	2020年
一、经营活动产生的现金流量		
存放中央银行款项净减少额	13,029	—
存放同业和其他金融机构款项净减少额	3,441	13,231
同业和其他金融机构存放款项净增加额	35,326	155,716
拆入资金及卖出回购金融资产款净增加额	7,377	57,029
客户存款净增加额	704,750	777,239

续表

项目	2021年	2020年
收取利息、手续费及佣金的现金	350,057	325,638
收到其他与经营活动有关的现金	15,324	39,196
经营活动现金流入小计	1,129,304	1,368,049
存放中央银行款项净增加额	—	(23,660)
拆出资金和买入返售金融资产净增加额	(22,016)	(12,599)
贷款和垫款净增加额	(546,131)	(663,783)
为交易目的而持有的金融资产净增加额	(19,513)	(18,306)
向中央银行借款净减少额	(170,100)	(26,462)
支付利息、手续费及佣金的现金	(114,229)	(105,765)
支付给职工以及为职工支付的现金	(50,124)	(40,979)
支付的各项税费	(51,445)	(46,798)
支付其他与经营活动有关的现金	(30,930)	(46,900)
经营活动现金流出小计	(1,004,488)	(985,252)
经营活动产生的现金流量净额	124,816	382,797
二、投资活动产生的现金流量		
收回投资收到的现金	1,098,590	1,044,734
取得投资收益收到的现金	66,484	58,628
出售固定资产和其他资产所收到的现金	184	161
收到其他与投资活动有关的现金	—	124
投资活动现金流入小计	1,165,258	1,103,647
购建固定资产和其他资产所支付的现金	(6,055)	(6,689)
投资支付的现金	(1,133,681)	(1,279,803)
取得子公司、合营企业或联营企业支付的现金净额	(7,756)	—
投资活动现金流出小计	(1,147,492)	(1,286,492)
投资活动产生的现金流量净额	17,766	(182,845)
三、筹资活动产生的现金流量		
发行永久债务资本收到的现金	42,989	49,989

续表

项目	2021年	2020年
发行存款证收到的现金	10,757	16,071
发行同业存单收到的现金	319,707	213,011
发行债券收到的现金	43,819	20,159
筹资活动现金流入小计	417,272	299,230
偿还存款证支付的现金	(11,418)	(25,613)
偿还同业存单支付的现金	(226,012)	(413,820)
偿还债券支付的现金	(35,811)	(35,659)
支付租赁负债的现金	(4,546)	(4,400)
派发普通股股利支付的现金	(31,601)	(30,264)
派发优先股股利支付的现金	(1,638)	(1,651)
派发永续债利息支付的现金	(1,975)	—
支付筹资活动的利息	(10,269)	(16,491)
筹资活动现金流出小计	(323,270)	(527,898)
筹资活动产生的现金流量净额	94,002	(228,668)
四、汇率变动对现金及现金等价物的影响额	(3,244)	(7,122)
五、现金及现金等价物净增加额	233,340	(35,838)
加：年初现金及现金等价物余额	507,729	543,567
六、期末现金及现金等价物余额	741,069	507,729

（四）资产负债表、利润表、现金流量表三者的关系

资产负债表、利润表、现金流量表披露的均为对管理者决策有用的财务信息。其中，资产负债表反映了特定日期的财务状况，利润表反映了一定时期经营成果，现金流量表反映了一定时期现金收入与现金流出状况。

现金流量表是连接资产负债表和利润表的桥梁，起着纽带作用。资产负债表中"货币资金"期末与期初两者的差额与现金流量表中的"现金及现金等价物净增加额"相等；利润表中的"净利润"与现金流量表附注中调整项目的合计数与现金流量表中的"经营活动产生的现金流量净额"相等，表7-4是招商银行股份有限公司2021年现金流量表的附注，附注显示了净利润调整为经营活动的现金流量的过程。

表 7-4 招商银行股份有限公司现金流量表附注

时间：2021年　　　　　　　　　　　　　　　　　　　　　　　　　　　　单位：百万元

净利润	109,794	88,674
调整：		
计提贷款和垫款减值准备	36,450	46,022
计提金融投资及其他资产减值准备	28,902	17,844
固定资产及投资性房地产折旧	3,880	3,574
使用权资产折旧	3,845	3,994
无形资产摊销	1,237	1,290
长期待摊费用摊销	940	748
固定资产及其他资产处置净收益	(31)	(4)
公允价值变动和未实现汇兑损益	(1,508)	10,084
投资损益	(16,340)	(10,956)
投资利息收入	(54,731)	(50,746)
债券利息支出	10,819	12,774
租赁负债利息支出	531	565
已减值贷款和垫款折现回拨	(242)	(186)
递延所得税变动	(10,901)	(6,986)
经营性应收项目的增加	(606,368)	(754,966)
经营性应付项目的增加	618,539	1,021,072
经营活动产生的现金流量净额	124,816	382,797

1. 资产负债表和利润表的关系

资产负债表中所显示的资产与负债的数量和结构决定商业银行的资产收益率与负债成本率。资产负债表和利润表具有以下勾稽关系：（资产负债表）未分配利润期末数－未分配利润期初数＝（利润表）净利润累计数；（利润表）净利润＋年初未分配利润－本期分配利润－计提公积金、公益金＝（资产负债表）期末未分配利润期末数。上述勾稽关系反映了留存收益形成的过程和原因。

2. 资产负债表与现金流量表的关系

现金流量表既可以解释资产负债表总量及内部结构变动的原因，又可以说明银行净利润与净现金流量出现差异的原因。同时，通过对现金流量表与资产负债表之间的有关指标进行比较，可以更加客观地评价企业的偿债能力、盈利能力及支付能力，可运用现金净流量与资产负债表相关指标进行对比分析，作为每股收益、净资产收益率等盈利指标的补充。

3.利润表与现金流量表的关系

表7-4现金流量表附注列示了将企业净利润调整为企业经营活动现金流量净额的过程与有关项目，这是利润表与现金流量表间最明显的勾稽关系，可以用来解释企业净利润与经营活动现金流量净额之间的差额及其具体原因。利润表中的"净利润"等于现金流量表附注中的"净利润"。

案例分析

权责发生制和收付实现制的区别

A银行2021年发生以下五笔业务，试分别用权责发生制与收付实现制计算2021年的收入、支出和损益（不考虑增值税）。

（1）发放给某企业一笔2年期年利率4.6%的200万的贷款。
（2）吸收一笔2年期年利率为2.3%的200万元的存款。
（3）预付明年的租金260万元。
（4）购买五年期国债300万元，年利率2.9%。
（5）同业拆借给B银行500万元，一年期年利率3.7%。

采用权责发生制和收付实现制两种方式进行核算，具体对比结果如表7-5所示（注：沙盘系统对报表编制过程有所简化）。

表7-5 权责发生制和收付实现制报表编制结果　　（单位：万元）

业务编号	权责发生制			收付实现制		
	收入	费用	损益	收入	支出	损益
（1）	9.2					
（2）		4.6				
（3）			31.8		260	−260
（4）	8.7					
（5）	18.5					

案例思考

权责发生制和收付实现制的区别在哪里？权责发生制中，凡是当期已经实现的收入和已经发生或应当负担的费用，不论款项是否收付，都应当作为当期的收入和费用。凡是不属于当期的收入和费用，即使款项已在当期收付，也不应当作为当期的收入和费用。收付实现制是以收到货与支付现金及现金等价物作为确认收入和费用的依据。我们在编制三大报表时，除了了解报表编制的基础外，还需要弄清报表与报表之间的勾稽关系。

▶ 商业银行运营沙盘

某银行初始资本金6000万元，第1期在A区开设了一家总行和一家分行，建设了一期移动和网络渠道。第2期在A区又开设了一家分行，完成了移动渠道的建设。在银行每年的经营中，吸收的存款总量和发放的贷款总量分别如表7-6存款单和表7-7贷款单所示。

表7-6 存款单

	存款金额/万元	期限	存款利率	利率属性	类型
第1期	9,000	3	6%	固定	零售
第2期	8,000	4	5%	固定	零售
	9,000	4	4%	浮动	公司

表7-7 贷款单

	贷款金额/万元	期限	贷款利率	利率属性	五级分类
第1期	8,000	2	11%	固定	正常
第2期	7,000	5	14%	浮动	正常
	8,000	3	12%	固定	正常

该银行当年完成了两项投融资业务，分别是并购顾问和债券承销业务。根据沙盘规则(参考第十章《商业银行运营沙盘规则》)，对公存款营销费用为存款金额的4%，零售存款的营销费用为存款金额的2%，贷款营销费用为贷款金额的2%。该银行当年的现金流量表、损益表和资产负债表分别如表7-8、表7-9、表7-10所示。

表7-8 现金流量表　　　　　　　　　　　　　　　　　　　（单位：万元）

	第1期	第2期
期初余额	6,000	4,370

续表

	第1期	第2期
流入现金	9,000	17,880
筹资产生的现金流入	0	0
新吸收存款	9,000	17,000
回收到期贷款	0	0
回收存款准备金	0	0
同业拆入	0	0
回收到期拆出同业	0	0
贷款利息收入	0	880
回收到期国债本金	0	0
国债收益	0	0
投融资收益	0	0
不良资产清收收入	0	0
不良资产变卖收入	0	0
同业利息收入	0	0
其他	0	0
流出现金	10,630	18,410
新发放贷款	8,000	15,000
支付到期存款	0	0
缴纳存款准备金	1,000	2,000
同业拆出	0	0
支付到期拆入同业	0	0
购买国债	0	0
同业利息支出	0	0
存款利息支出	0	0
存款营销费用	180	520
贷款营销费用	80	150
机构购买费用	800	200
渠道建设费用	200	100
机构管理费用	250	300
机构租赁费用	0	0

续表

	第1期	第2期
机构员工薪酬	120	140
所得税	0	0
其他	0	0
期末余额	4,370	3,840

表7-9 损益表 （单位：万元）

	第1期	第2期
一、营业收入	880	2,820
贷款利息收入	880	2,820
国债收益	0	0
投资收益	0	0
不良资产清收收入	0	0
不良资产变卖收入	0	0
营业外收入	0	0
同业利息收入	0	0
其他	0	0
二、营业支出	1,550	2,740
存款利息支出	540	1300
营销费用	260	670
机构租赁费用	0	0
渠道建设费用	200	100
机构管理费用	250	300
机构员工薪酬	120	140
贷款减值损失	100	130
同业利息支出	0	0
折旧	80	100
其他	0	0
三、税前利润	−670	80
减：所得税	0	0
四、净利润	−670	80

表 7-10　资产负债表　　　　　　　　　　　（单位：万元）

	第 1 期	第 2 期	
贷款总额	8,000	2,3000	
减：贷款减值准备	100	230	
贷款应收利息	880	2,820	
国债总额			
国债应收利息			
同业拆出			
同业应收利息			
不良资产清收收入			
存款准备金	1,000	3,000	
固定资产	720	820	
现金	4,370	3,840	
资产总计	14,870	33,250	
存款总额	9,000	26,000	
存款应付利息	540	1,840	
同业拆入			
同业应付利息			
所得税	0		
负债合计	9,540	27,840	
银行资本	6,000	6,000	
累计净利润	−670	−590	
所有者权益合计	5,330	5,410	
负债和所有者权益总计	14,870	33,250	

资产负债表是时点数，利润表和现金流量表是期间数，虽然三个报表是独立的，但是三者之间环环相扣、紧密结合，要注意三大报表之间的勾稽关系，兹部

分列举如下。

资产负债表会计恒等式可以转换为：期末资产＝期末负债＋期初所有者权益＋本期净利润。

现金流量表的期末余额的变化与资产负债表的现金资产年末数和年初数之差相等：

（资产负债表）"存款总额"＝（现金流量表）"新吸收存款"期末数＋"新吸收存款"期初数。

（资产负债表）"贷款总额"＝（现金流量表）"新发放贷款"期末数＋"新发放贷款"期初数。

利润表和资产负债表具有如下勾稽关系：

（资产负债表）"贷款减值准备"＝（利润表）"贷款减值损失"期末数＋"贷款减值损失"期初数。

（利润表）"净利润"＝（资产负债表）"累计净利润"期末数－"累计净利润"期初数。

关于报表中的部分勾稽关系，下面不再逐一列举。但无论怎样，三大报表的勾稽关系都是以资产负债表为核心的。各银行团队在编制三大报表的过程中要注意体会报表之间的逻辑关系。

第三节　商业银行营业收入管理

一、商业银行营业收入的含义

商业银行营业收入是指商业银行办理存贷款和结算业务，从事租赁、信托投资、外汇及证券买卖等代理及咨询业务而产生的利息、利差补贴、手续费、价差等收入的总和。它主要由利息收入、金融机构往来收入和其他收入构成，其实质是一切与商业银行经营活动密切相关的可以反映其经营活动内容的收入。

二、商业银行营业收入的种类

商业银行营业收入可以简单划分为利息收入和非利息收入两大类。随着中间业务和表外业务的发展，银行的非利息收入正不断增加。

（一）利息收入

利息收入是指商业银行向单位和个人发放各类贷款后按照规定利率收取的利息及办理贴现业务取得的利息贴现。利息收入在商业银行收入中占较大比重，对银行经济效益影响较大。银行利息收入是由其经营规模决定的，因此，银行各项贷款利息收入既反映了银行的收入状况，又在一定程度上反映了银行经营贷款业务的规模。

（二）非利息收入

1. 金融机构往来利息收入

金融机构往来利息收入是指商业银行联行以及商业银行与中央银行和同业之间资金往来所发生的利息收入及利差补贴收入，包括同业间的拆放利息收入、商业银行向中央银行存款利息收入以及各种利差补贴收入等。

2. 其他收入

（1）租赁收入。租赁收入是商业银行在办理租赁业务中，按照合同协议，作为财产所有者（出租人）将财产租给使用者使用，向承租人收取的租金收入。

（2）咨询收入。由于社会主义市场经济的发展和银行内部经营机制的变化，信息作为无形的财富在经济活动中起着越来越大的作用。商业银行通过对资金运动的相关资料进行归纳分析，向企事业以及个人合规地提供所需信息并收取一定的费用，形成商业银行的咨询收入。

（3）担保收入。为使企业的结算顺利进行，商业银行利用自身的信誉为各类企业提供信用担保，由此取得的收入称为担保收入。

（4）手续费收入。手续费收入是商业银行在办理结算业务、代理融资、委托收款、代理发行国库券等各项业务过程中收取的手续费。

（5）信托业务收入。信托业务收入是商业银行作为受托人接受委托人的委托代为保管、营运或处理委托人托管财产而依法取得的收入。

（6）其他收入。比如房地产收入、金银买卖收入、外汇买卖收入、证券买卖收入、代保管收入等。

三、商业银行营业收入的管理

(一) 营业收入管理的意义

商业银行是独立的货币经营机构,增加营业收入、提高经济效益是商业银行财务管理目标之一。营业收入管理是商业银行财务管理的一个重要方面,关系到银行的生存和发展,对商业银行具有重要意义。

(1) 加强营业收入管理能保证商业银行经营活动的顺利进行,为商业银行的各项耗费获得合理补偿。营业收入是商业银行补偿货币经营耗费的资金来源。商业银行从事经营过程中,必须从营业收入中补偿所耗费的人财物等资源。

(2) 加强营业收入管理是实现商业银行理财目标的重要手段之一。营业收入是商业银行主要经营成果,也是商业银行利润的重要来源。银行赚取利润必须取得营业收入,它是衡量银行业绩的重要指标之一,也是商业银行提供的金融产品或服务得到社会认可的表征。

(3) 加强营业收入管理对于改善商业银行财务状况也起着重要的作用。商业银行在业务经营过程中必须经常维持一定量的现金流入,以满足商业银行的正常运营。营业收入是商业银行现金流入量的重要组成部分,有利于保障银行经营活动的正常进行。

(二) 营业收入的管理

1. 利息收入的管理

如前所述,商业银行的营业收入主要集中在利息收入方面。随着利率市场化进程的推进,资产负债量价平衡逐渐成为商业银行利息收入管理的主要内容。利息收入管理应以资本限额为起点,通过流动性管理、风险管理,平衡业务规模和定价,以达到利息收入的目标值。比如,银行可根据自身战略目标,研究出适合本行发展的定价策略,将更高利率的存款配置给利率敏感性更高、综合贡献更大的客户,在促进业务发展的同时避免资金成本全面提升。再如,在风险可控的范围内和资本限额内合理配置贷款总量结构和定价,选择风险可控的行业,优选定价水平高、综合回报好的客户发放贷款,从而实现贷款利息收入的稳定和资本回报的最大化。

利息收入管理具体可采取优化资产结构,同时扩大收入来源等手段。优化资产结构的目的是扩大收益，提高盈利水平。利息收入是靠商业银行的生息资产带来的，要增加利息收入，首先必须优化资产结构，通过减少非生息资产、选准贷款投向等手段进行银行资产结构的优化。扩大收入来源可以通过合理确定贷款价格、实行补偿性存款等途径来实现。除上述方式外，银行还可以通过金融工程相关技术，去设计、开发和实施新型的金融产品，创造性解决各种金融问题，从而扩大收入，提高盈利。

2. 非利息收入的管理

非利息收入来源于商业银行提供的各种金融服务，例如支付结算业务、咨询服务、担保和代保管业务等。随着中间业务和表外业务的发展，非利息收入在商业银行营业收入中的比重日益增大，成为商业银行营业收入的重要增长点。传统的非利息收入主要来源于银行卡手续费、财富管理代销收入等，在金融科技加速创新的现阶段，"商行＋投行＋资管"业务一体化模式成为商业银行的主要方向之一，财务顾问费、投资顾问费、资产管理费等日益成为商业银行非利息收入的重要组成部分。

非利息收入的管理应遵循相关商业银行监管要求。从收入上看，商业银行必须根据本行业的业务特点制定服务价格目录，在国家货币政策允许范围内，科学合理合规收取费用，不得出现未提供服务却收取费用的情形。同时，收费区间必须符合监管机构要求。从支出上看，由于商业银行在加大对小微企业扶持力度的过程中部分承担了评估费、抵押登记费和押品保险费等相关费用，一定程度上冲抵了非利息收入。因此，商业银行应当综合评估客户贡献度，以提升客户满意度为目标之一，进一步促进非利息收入的有效增长。

纵观美国商业银行非利息收入发展历史可知，截至2020年末，美国商业银行非利息收入在其营业收入中的占比快速提升，高达35％，远高于我国商业银行的平均水平21％。美国四大银行（摩根大通、美国银行、花旗银行、富国银行）等非利息收入占比高达48％。其中，资产管理与财富管理业务、投资银行业务等发展较快。资产管理业务为美国四大银行贡献了最多的非利息收入，其在批发非利息收入中占比高达38％，且逐年提升。随着我国金融科技创新的不断发展和居民财富的不断积累，我国商业银行的资产管理、财富管理、投资银行等业务也呈快速发展趋势。

第四节 商业银行营业支出管理

一、商业银行营业支出管理的含义

商业银行的营业支出主要包括营业成本和营业费用。商业银行营业成本是指在业务经营过程中发生的与业务经营有关的支出,包括利息支出、金融企业往来支出、手续费支出、汇兑损失等。其中,利息支出是银行向单位及个人以负债形式筹集资金所支付给债权人的报酬,是银行营业支出中最主要的支出。利息支出必须以国家规定的适用利率分档次和期限计算。金融企业往来支出是指银行系统内、银行之间以及商业银行与中央银行间因资金往来而发生的利息支出。营业费用是指银行在业务经营与管理过程中发生的各项费用,包括固定资产折旧、业务宣传费、业务招待费、办公用品支出、工资与福利、劳动保险费、研究开发费以及审计费等。其中,对营业成本的管理是营业支出管理的重中之重。

商业银行营业支出管理的目标是以最小成本实现效益最大化。随着商业银行营业收入的稳定增长,控制营业支出就成为商业银行获得竞争优势的关键。商业银行的营业成本受到经营规模、存款结构、机构布局、信息设施、管理水平等多因素的影响和制约。商业银行经营规模越大,所需资金就越多,这会导致经营成本相应增加;存款结构会影响商业银行经营成本的构成,不同种类、期限及档次的存款,利息支出成本不同;银行分支机构和网点越多、分布越广,业务量就越大,经营服务品种越多,这也会导致银行营业成本增加;银行信息化水平的高低及银行管理水平的高低,也会在很大程度上影响营业成本。

二、商业银行营业支出的控制

(一) 商业银行营业成本的控制

商业银行成本控制包括日常成本控制和事前成本控制。日常成本控制是在资金经营活动过程中,对各项费用的发生按照一定的原则,采用专门的方法,进行严格的计量、监督、指导和修正，以保证实现原定的成本目标。事前成本控制是在业务开展前，对影响成本的各有关因素进行分析研究并制定出一套适应银行具体情况的成本控制制度。这类控制的重点在于通过银行设置的规章制度来约束成本开支，预防偏差和浪费的发生。

（1）建立健全商业银行资产负债管理，合理控制利息支出。随着我国利率市场化进程的不断推进，利率因素成为控制利息成本的重要方面。商业银行资产负债管理是对利率、流动性和银行资本充足率风险的管理，商业银行在加强成本预算控制的同时，要关注利率风险、信贷风险和流动性状况。

（2）促进成本分析与控制工作常态化和系统化建设。商业银行应采取一定的技术手段，以效益最大化为目标，以预算管理为导向，以内部控制为手段，以信息系统为平台，充分挖掘现有银行成本资料，将成本分析与控制工作常态化和系统化。主要可通过以下方法进行管理：

一是标准成本控制法，通过对照目标利润及标准成本、成本降低水平目标等进行商业银行成本控制。

二是边际成本控制法，通过边际成本与边际收入的监控进行商业银行成本控制。

三是质量成本控制法。银行质量成本是指在经营过程中的各种责任损失以及为降低损失所耗费的各种费用。银行质量成本可以分为各项损失和预防成本两大类。银行质量成本控制的任务就是找出各项损失与预防成本的均衡点，使质量成本降到最低。商业银行可采取控制质量成本的方法实现成本控制。

（3）合理布局商业银行机构网点，严格进行项目投资评价。商业银行应避免盲目建设机构网点，实施系统化的管理制度，严格开展投资决策的成本效益分析和评价，避免利润流失，提升盈利水平。

（4）大力促进金融科技的创新与发展，创新金融产品，改善存款结构。商业银行利息支出受中央银行存贷款利率的制约。银行应发挥自身的网络优势、服务优势和结算优势等，促进金融产品的创新，走多层次经营、全方位服务的现代化经营道路，改善存款结构，减少利息成本支出。

（二）商业银行营业费用的控制

商业银行营业费用管理通常采用"统一领导、分级管理、独立核算"的管理体制。统一领导是指商业银行总行通过制定各项财务规章制度，对全行的营业费用进行统一指导。分级管理是指总行、分支机构在各自的权限内对所辖机构进行管理。独立核算是指总行和分支机构之间独立核算。

商业银行营业费用的控制必须符合以下原则。

（1）合法合规、真实性原则。银行营业费用支出必须遵守国家法律法规和银行规章制度，必须以实际发生的支出事项为依据，所有报销票据必须合法合规、真实有效。

（2）预算管理原则。银行各级分支机构使用的营业费用支出必须统一纳入年度财务核算，在总行批复的费用预算内执行。

（3）责任成本原则。营业费用应遵循"谁负责、谁承担"的原则，按照责任单位进行营业费用的归集核算。

（4）成本效率原则。各级分支机构在营业费用配置、使用、监测和评价过程中，须将成本效率原则作为重要依据，合理调整成本收入比例，提升成本效益。

第五节 商业银行的财务分析

财务分析就是以会计核算、报表资料等为依据，使用一系列的分析技术与方法，对商业银行过去与现在开展筹资活动、经营活动、投资活动等的营运能力、偿债能力以及增长能力作出分析与评价，为管理层作出决策提供依据和参考。本节介绍的财务分析方法主要包括财务比率分析法和杜邦分析法。

一、财务比率分析法

（一）经营成果分析

经营成果分析应采用衡量盈利性的比率，用来衡量商业银行运用资金赚取收益同时控制成本费用支出的能力。

（1）资产收益率（ROA）＝ 税后净利润÷资产总额×100%。

资产收益率是衡量银行盈利状况最重要的标志，指每元资产获得了多少净利润。该比率越高，表明银行资产利用效率越高，经营管理水平越高，获利能力越强。

（2）营业利润率 ＝ 营业利润÷主营业务收入×100%。

营业利润率排除了特殊项目的影响，反映了银行真实、稳定的获利能力。由损益表可以看出，银行营业利润来自经营活动中的各项利息收入和非利息收入，不受证券交易、会计政策调整、设备盘盈盘亏等不常发生的营业外活动的影响，是银行经营能力和成果的真实反映。

(3) 银行净利差率 =（利息收入－利息支出）÷盈利资产×100%。

盈利资产指能带来利息收入的资产。银行的资产，除去现金资产、固定资产外，均可看作盈利资产。银行净利差率可有效反映银行在筹资放款这一主要业务上的获利能力。

(4) 非利息净收入率 =（非利息收入－非利息支出）÷资产总额×100%。

银行非利息收入来自手续费和佣金收入，获得这类收入不需要扩大资产规模，较高的非利息净收入会明显提高银行资产收益率。

(5) 利润率 = 税后净利润÷总收入×100%。

该比率反映了银行收入中有多大比例被用作各项开支，又有多大比例被作为可以发放股利或再投资的利润保留下来。该比例越高，说明银行的获利能力越强。

(6) 权益报酬率(ROE) = 净利润÷权益总额×100%。

权益报酬率也称净资产收益率、股东收益率，是银行资金运用效率和财务管理能力的综合体现，反映了银行资本的获利程度。

(7) 成本收入比率 =（营业费用＋折旧）÷营业收入×100%。

成本收入比率反映出银行每一单位的收入需要支出多少成本，该比率越低，说明银行单位收入的成本支出越低，银行获取收入的能力越强。

（二）经营效率分析

经营效率的高低反映了商业银行的经营管理水平。

(1) 资产使用率 = 总收入÷资产总额×100%。

资产使用率反映了银行资产的利用效率，即一定数量的资产能够实现多少收入。该比率越高，说明银行利用一定量的资产所获得的收入越多，其经营效率越高。

(2) 财务杠杆比率 = 总资产÷总资本×100%。

财务杠杆比率可以展现银行资本的经营效率，即一定量的资本能创造多少资产。该比率过大，则说明资本不足，银行经营风险较大；反之，则说明定量的资本所创造的资产过少，资本没有得到充分利用。

（三）流动性比率指标

流动性比率指标反映了银行的流动性供给和各种实际的或潜在的流动性需求之间的关系。流动性在任何企业的经营中都是盈利性和安全性之间的平衡杠杆。商业银行由于自身不寻常的资产负债结构，更易受到流动性危机的威胁，这也是银行将流动性比率指标从一般风险指标中分离出来的原因。

（1）现金资产比例 ＝ 现金资产÷资产总额×100％。

现金资产比例越高，则表示银行流动性状况越好，抗流动性风险能力越强。但如果现金资产比例太高，则银行的盈利资产规模将受到限制。

（2）国库券持有比例 ＝ 国库券÷资产总额×100％。

国库券是二级资本的主要组成部分。一方面，国库券有很强的变现能力；另一方面，国库券是一种被普遍接受的抵押品，银行持有国库券可以间接增加流动性供给。国库券持有比例越高，银行的流动性越好。

（3）证券持有比例 ＝ 证券资产÷资产总额×100％。

这一指标单独使用时具有局限性，因为证券的变现能力同其市场价值紧密相关，因此须结合证券市值与面值的比例来判断。证券市值与面值的比例越低，说明银行所持有证券的变现能力越弱，从中可获得的流动性供给越少。

（4）贷款资产比例 ＝ 贷款÷资产总额×100％。

贷款资产比例越高，则表示银行资产结构中流动性较差部分所占比例越大，银行的流动性相对不足。该比例可以用一年内到期贷款与总贷款的比例作为补充指标。该指标越高，说明银行贷款中流动性较强部分所占比例越大，银行的流动性也就越好。

（四）风险比率指标

在财务管理和财务分析中，风险被定义为预期收入的不确定性，这种收入的不确定性会降低企业价值。商业银行面临复杂多变的经营环境，收益水平受多种因素的干扰，风险指标将这些因素作了分类，并定量反映商业银行面临的风险程度和抗风险能力。

1.利率风险

市场利率的波动往往会引发银行利差收入以至全部营业收入的波动，这就是利率风险。

资金配置不同的银行面对相同的利率波动，所受影响是不同的，即利率风险暴露不同。这种差别可以通过以下两个利率风险指标度量：利率风险缺口和利率敏感比例。

（1）利率风险缺口＝利率敏感性资产－利率敏感性负债。

（2）利率敏感比例＝利率敏感性资产÷利率敏感性负债。

利率敏感性资产是指收益率可随市场利率变动重新调整的资产，如浮动利率贷款。同理可以定义利率敏感性负债。在应用上述两个指标进行分析时，应注意保持计算式中资产负债的期限一致。

当缺口为0或比值为1时，银行不存在利率风险暴露，利差收益不受利率变化影响，其他指标值均意味着存在利率风险暴露。样本银行指标值与均衡值（0或1）偏差越大，银行面临的利率风险越大。在一定期间内，当利率敏感性资产超过利率敏感负债时，市场利率下降会使金融企业更易遭受损失；相反，当利率敏感负债大于利率敏感资产时，市场利率上升会使银行更易遭受损失。

2.信用风险

信用风险指债务人违约而导致贷款或投资等银行持有的资产不能收回本息，而给银行造成损失的可能性。由于银行持有的股东资本相对于资产总值来说很小，只要贷款中一小部分变为坏账就会使银行处于破产边缘。以下是几种广泛使用的银行信用风险指标，反映了银行面临的多种实际的和潜在的信用风险程度及银行为此所做准备的情况。

（1）贷款净损失率＝贷款净损失÷贷款余额。

贷款净损失是已被银行确认并冲销的贷款损失与其后经过一定收账工作重新收回部分的差额。贷款净损失与贷款余额的比率衡量了银行贷款资产的质量状况，该比率越大，说明银行贷款资产质量越差，信用风险程度越高。

（2）低质量贷款比率＝低质量贷款÷贷款余额。

低质量贷款有三类：不良资产、可疑贷款、重组贷款资产。相应地，也有三种低质量资产与贷款总额的比率。不良资产指逾期90天以上的贷款；可疑贷款是因债务人未能按约支付利息而引起银行对其偿债能力产生怀疑的贷款，未按约支付利息往往是债务人财务状况恶化，最终无力偿还本息的先兆；重组贷款资产是当债务人财务状况恶化，银行为避免贷款债权最终无法收回，以延期、降息等方式同债务人进行债务重组所涉及的贷款。低质量贷款的信用风险很高，是产生未来贷款损失的主要来源。低质量贷款与贷款总额的比率估计了潜在的贷款损失。该比率越高，银行贷款的信用风险越大，未来发生贷款损失的可能性也越大。

（3）贷款损失准备÷贷款损失净值。

银行每年会从年度费用中提取贷款损失准备，以弥补未来贷款可能发生的损失，体现了对未来可能出现的贷款损失的估计和预防。

贷款损失准备与贷款损失净值的比率越高，表明银行抗信用风险的能力越强。

（五）清偿指标

（1）流动比率 ＝ 流动资产÷流动负债。

流动比率反映的是，每一份流动负债背后，有多少流动资产作为偿还保证。流动资产越多，流动负债越少，则银行的短期偿债能力越强。也就是说，一般情况下，流动比率越高，企业短期偿债能力就越强。但过高的流动比率并不好，流动比率过高，表明银行流动资产未能得到有效利用，会影响资金的使用效率，提升筹集资金的成本，进而可能会影响企业的获利能力。在现实中，运用流动比率进行分析时，应该结合不同行业的特点、企业流动资产结构及各项流动资产的实际变现能力等因素综合考虑，切不可用统一的标准作出评价。

（2）资产负债率 = 负债总额÷资产总额×100%。

资产负债率反映企业资产总额中有多大比重是通过借债来筹集的，以及企业保护债权人利益的程度。一般情况下，资产负债率越低，表明银行的长期偿债能力越强；资产负债率越高，表明企业偿还债务的能力越差、风险越大。

二、杜邦分析法

利用财务比率深入分析企业的经营情况，虽然可以了解企业各个方面的财务状况，但却无法反映企业各个方面财务状况之间的关系。为了弥补这一不足，可以将所有指标按其内在联系结合起来，用以全面反映企业整体财务状况以及经营成果，对企业进行总体评价，这种方法称为财务综合分析法。所谓财务综合分析，就是将各项财务指标作为一个整体，应用一个简洁和明了的分析体系，系统、全面、综合地对企业财务状况和经营情况进行剖析、解释和评价，以对企业一定时期复杂的财务状况和经营成果作出综合的和概括的评价。财务综合分析方法有多种，最常用的有杜邦分析法。

杜邦分析法是利用几种主要的财务指标间的内在关系，对企业综合经营成果进行系统评价的方法。该方法最早是由美国杜邦公司的财务经理提出的，故称为杜邦分析法。

杜邦分析法以净资产收益率（股东权益报酬率）为核心，重点揭示企业获利能力及权益乘数对股东权益报酬率的影响，以及各相关指标间的相互影响，以此揭示企业获利能力及其变动原因。图7-2是杜邦分析法分解图，其在揭示上述几种比率之间的关系之后，再将净利润、总资产进行层层分解，这样就可以全面、系统地揭示出企业的财务状况以及系统内部各个因素之间的相互关系。

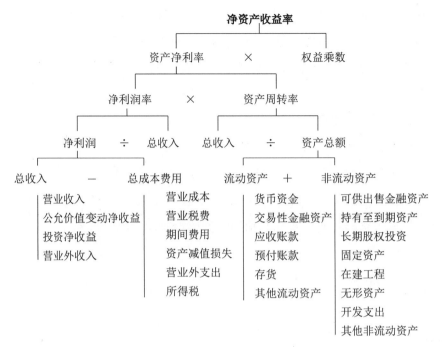

图7-2 杜邦分析法分解图

(一)两因素分析法

净资产收益率(股东权益报酬率)=净利润÷权益总额
=(净利润÷资产)×(资产÷权益总额)
=资产收益率×权益乘数

从两因素分析法可以看出,净资产收益率受资产收益率和权益乘数的共同影响。

(1)资产收益率是银行盈利能力的集中体现。它的提高会带来净资产收益率的提高,即净资产收益率指标间接反映了银行的盈利能力。

(2)净资产收益率也可体现银行的风险状况。提高权益乘数,可以改善净资产收益率水平,但也带来更大风险。一方面,权益乘数加大,银行净值比重降低,清偿力风险加大,资产损失较易导致银行破产清算;另一方面,权益乘数会放大资产收益率的波动幅度,导致净资产收益率不稳定。

(二)三因素分析法

净资产收益率(股东权益报酬率)=净利润÷权益总额
=资产收益率×权益乘数
=(净利润÷总收入)×(总收入÷资产)×权益乘数
=净利润率×资产周转率×权益乘数

通过层层分解，一个综合性很强的净资产收益率被分解为三个财务比率——净利润率、资产周转率和权益乘数，从而使其变动的原因得以显象化和具体化。我们还可以进一步对净利润率和资产周转率进行剖析，找到提高净资产收益率的途径。

首先，银行净利润率的提高，要通过合理的资产和服务定价来扩大资产规模，增加收入，同时控制费用开支使其增长速度小于收入增长速度，因而该指标是银行资金运用能力和费用管理效率的体现。

其次，资产周转率体现了银行的资产管理效率。银行的资产组合既包括周转快、收益低的短期贷款、投资，又包括期限长、收益高的长期资产，还包括一些非盈利资产。各类资产在经营中都起到一定作用，不可或缺。良好的资产管理可以在保证银行正常经营的情况下提高资产周转率，进而提高资产收益率，最终给股东带来更高的回报率。

最后，权益乘数反映了银行的财务杠杆，反映了所有者权益与总资产的关系。权益乘数越大，银行的负债程度越高，这既会给银行带来较大的杠杆利益，同时也会给银行带来较大的风险。银行应合理确定负债比例，不断优化资本结构，这样才能最终有效地提高净资产收益率。

实际上，将净利润率分解为税赋管理效率和支出管理效率后，还能得到四因素的杜邦分析模型。可见，杜邦财务分析体系将企业财务目标与各环节、各领域的财务活动紧密关联了起来，实现了企业财务目标与企业活动的有机结合，形成了完善的分析指标体系。

本章小结

1. 商业银行预算管理是指商业银行根据自身发展战略，结合自身实际情况，对内部各部门、各单位的财务及非财务资源进行合理分配、考核、控制，协调者组织经营活动、完成经营目标的过程。编制预算是保证商业银行总体目标实现的重要手段，是强化商业银行内部管理的重要环节。

2. 预算管理流程包括预算编制、预算执行与控制、预算调整和预算分析与考评。

3. 商业银行财务报告主要包括资产负债表、利润表和现金流量表三大报表。

4. 资产负债表主要反映了商业银行在某一时点所拥有的资产总量、构成情况及其对资产的运用能力，也反映了商业银行资金来源及其构成。利润表又称损益表，是反映银行在一定时期内（如月度、季度或年度）经营成果的财务报表。现金流量表是反映一定时期内（如月度、季度或年度）企业经营活动、投资活动和筹资活动对其现金及现金等价物所产生影响的财务报表。

5.商业银行营业收入可以简单划分为利息收入和非利息收入两大类。商业银行的营业支出主要包括营业成本和营业费用。商业银行营业支出管理的目标是以最小成本实现效益最大化。随着商业银行营业收入的稳定增长，控制营业支出已成为商业银行获得竞争优势的关键。

6.财务比率分析法包括经营成果分析、经营效率分析、风险抵御能力分析、清偿能力分析等。

7.杜邦分析法以净资产收益率（股东权益报酬率）为核心，重点揭示企业获利能力及权益乘数对股东权益报酬率的影响，以及各相关指标间的相互影响，以此揭示企业获利能力及其变动原因。

实训练习

在金融企业沙盘实训过程中，编制银行团队的资产负债表、利润表和现金流量表。根据报表信息，分别采用财务比率分析法和杜邦分析法对本银行团队的经营情况作出分析。

第八章　商业银行风险管理

金融风险与金融活动相伴相生，商业银行的本质就是经营和管理金融风险。金融风险，按照表现形式不同，可以划分为信用风险、市场风险、流动性风险、操作风险、国别风险、银行账户利率风险、声誉风险、战略风险、信息科技风险以及其他风险。本章主要介绍信用风险、市场风险、操作风险和流动性风险的管理。商业银行风险管理是商业银行为减少经营管理活动中可能遭受的金融风险而进行的管理活动，其目标是寻求最小风险下的最大盈利，其内容主要包括风险的识别、风险的度量和风险的管理几个方面。

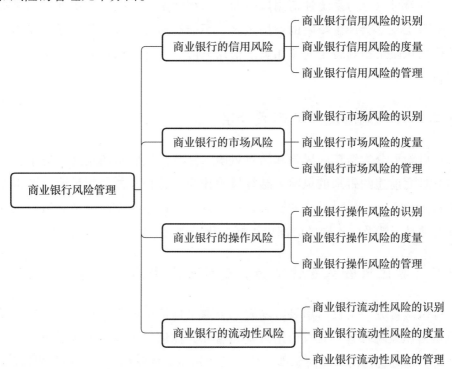

第一节 商业银行的信用风险

一、商业银行信用风险的识别

信用风险又称违约风险,是指银行的借款人或者交易对象不能按事先达成的协议履行义务而给银行造成损失的潜在可能性,也包括借款人的信用评级和履约能力变动导致其债务的市场价值发生变动而给银行造成损失的可能性。信用风险是伴随信用活动而存在的,是商业银行经营活动中最主要的风险。

商业银行信用风险有如下几种分类方法。

(一)按照风险能否分散分类

银行风险可以分为系统性信用风险和非系统性信用风险。系统性信用风险是指对各种金融工具都会产生影响的信用风险,不能够通过分散而相互抵消或削弱。非系统性信用风险是指和特定对象相关的信用风险,这种信用风险可以采取分散策略进行控制。

(二)按照风险发生的形式分类

银行风险可分为结算前风险和结算风险。结算前风险指的是交易对手在合约规定的结算日之前违约带来的风险。结算风险作为一种特殊的信用风险,是指交易双方在结算过程中一方支付了合同资金但另一方发生违约的风险。结算风险在外汇交易中较为常见,涉及在不同的时间以不同的货币进行结算交易。

(三)按照风险暴露特征和引起风险主体不同分类

银行风险可分为主权信用风险暴露、金融机构信用风险暴露、零售信用风险暴露、公司信用风险暴露、股权信用风险暴露和其他信用风险暴露六大类。主权信用风险暴露、金融机构信用风险暴露、公司信用风险暴露统称为非零售信用风险暴露。

二、商业银行信用风险的度量

商业银行信用风险的度量,一般有信用风险参数计量和信用风险加权资产计量两个维度。

(一) 信用风险参数的计量

商业银行通过计量不同的风险参数,可以从不同维度反映银行承担的信用风险水平。常用的风险参数包括违约概率、违约损失率、违约风险暴露、有效期限、预期损失和非预期损失等。

(1) 违约概率。违约概率是债务人在未来一段时间内(一般是一年)发生违约的可能性。

(2) 违约损失率。违约损失率指某一债项违约导致的损失金额占该违约债项风险暴露的比例,即损失占风险暴露总额的百分比。

(3) 违约风险暴露。违约风险暴露是指债务人发生违约时预期表内和表外项目风险暴露总额,反映了可能发生损失的总额度。

(4) 有效期限。有效期限是指某一债项的剩余有效期限。

(5) 预期损失。预期损失的计算方式如下:预期损失=违约概率×违约损失率×违约风险暴露。

(6) 非预期损失。对非预期损失的计量比预期损失要复杂得多,且组合的非预期损失并不是单笔债项非预期损失的简单相加,而是与各债项之间的相关性密切相关。

(二) 信用风险加权资产的计量

信用风险加权资产等于信用风险暴露与风险权重的乘积,综合反映了银行信贷资产的风险水平。《商业银行资本管理办法(试行)》规定了两种计算信用风险加权资产的方法:对于不实施内部评级法的商业银行,运用权重法;对于实施内部评级法的银行,内部评级法覆盖的表内外资产使用内部评级法,未覆盖的表内外资产使用权重法。

1.权重法

在权重法下,信用风险加权资产为银行账户表内信用风险加权资产与表外信用风险加权资产之和。表内资产划分为17个类型。每个资产类别根据性质及风险大小，分别赋予不同的权重，共分为0、20%、25%、50%、75%、100%、150%、250%、400%、1250%等档次。表外资产划分为11个类型，针对不同类型规定了0、20%、50%、100%四个档次的信用转换系数。

2.内部评级法

内部评级法分为初级内部评级法和高级内部评级法。二者的区别在于：初级内部评级法下，银行自行估计违约概率，但要根据监管部门提供的规则计算违约损失率、违约风险暴露和期限；高级内部评级法下，银行可自行估计违约概率、违约损失率、违约风险暴露和期限。对于零售信用风险暴露，不区分初级法和高级法，即银行都要自行估计违约概率、违约损失率、违约风险暴露和期限。

（1）非零售风险暴露的内部评级体系。商业银行采用内部评级法计算信用风险加权资产，应该通过内部评级确定每个非零售风险暴露债务人和债项的风险等级。

（2）零售风险暴露风险分池体系。所谓风险分池，是根据风险特征、交易特征和逾期信息等将每笔零售风险暴露划入相应的资产池中，在此基础上估计违约概率、违约损失率、有效期限等风险参数。与非零售风险暴露相比，零售风险暴露具有笔数大、单笔风险暴露较小、风险分散的显著特点。这一特点决定了商业银行普遍采用组合的方式对零售业务进行管理。

三、商业银行信用风险的管理

信用风险管理，指的是针对交易对手、借款人或债券发行人具有违约"可能性"所产生的风险进行管理。常用的信用风险控制手段包括明确信贷准入和退出政策、限额管理、信用风险缓冲、风险定价等。

（一）信贷准入和退出

（1）信贷准入。信贷准入是指银行通过制定信贷政策，明确银行愿意对客户开办某项信贷业务或产品的最低要求。常见的信贷准入策略考虑的因素包括客户的信用等级、客户的财务与经营状况、风险调整后资本收益（RAROC）等。

（2）信贷退出。信贷退出是指银行在对存量信贷资产进行风险收益评估的基础上收回超出其风险容忍度的贷款，以达到降低风险总量、优化信贷结构的目的。

（二）限额管理

限额管理是指银行根据自身风险偏好、风险承担能力和风险管理策略，对银行承担的风险设定的上限，可以防止银行过度承担风险。

（三）信用风险缓冲

信用风险缓冲是指银行运用合格的抵质押品、保证、信用衍生工具和净额结算等方式转移或降低信用风险。信用风险缓冲可以体现为违约概率、违约损失率或违约风险暴露的下降。

（1）抵质押品。常见的抵质押品包括金融质押品、应收账款、商用房地产和居住用房地产、土地使用权等。抵质押品的风险缓冲作用体现在客户发生违约时，银行可以通过处置抵押物提高回收金额，降低违约损失率。

（2）保证。保证的缓冲作用体现在客户违约时，会由保证人代为偿还全部或者部分债务，可以提高债务回收率。

（3）信用衍生工具。比较常见的衍生工具有信用违约互换、总收益互换、信用联系票据和信用利差期权等。

（4）净额结算。净额结算的缓冲作用主要体现为降低违约风险暴露。

（四）风险定价

银行承担风险就应获取相应的回报。信用风险也是银行面临的一种成本，银行需要通过风险定价加以覆盖，并计提相应的风险准备金，以便在实际遭受损失时进行抵补。

第二节　商业银行的市场风险

一、商业银行市场风险的识别

商业银行市场风险是指因市场价格（包括利率、汇率、股票价格和商品价格等）的不利变动而使银行表内和表外业务发生损失的风险。市场风险存在于银行的交易和非交易业务中。市场风险可以分为利率风险、汇率风险、股票价格风险和商品价格风险，分别是指由于利率、汇率、股票价格和商品价格的不利变动所带来的风险。与其他风险相比，市场风险更加复杂、隐蔽和突然。

由于本实验课程仅涉及商业银行存贷款业务和国债业务，因此这里仅讨论存贷款业务因利率变动导致的市场风险。

二、商业银行市场风险的度量

商业银行市场风险的度量，核心在于了解商业银行目前的市场风险状况并合理评估其绩效。商业银行常用的市场风险计量方法有以下几种。

（一）缺口分析法

缺口分析是对利率变动进行敏感性分析的方法之一，用来衡量利率变动对商业银行收益的影响，是银行业较早采用的利率风险计量方法。因为其计算简便、清晰易懂，目前仍然被广泛使用。

缺口分析法是把银行资产负债中利率敏感性项目（在一定时期内到期或可重新定价的项目）按到期日排列，分析同一到期日下资产、负债间的差额（缺口）。相关计算公式如下。

（1）利率敏感性缺口＝利率敏感性资产－利率敏感性负债。

（2）利率敏感性比率＝利率敏感性资产÷利率敏感性负债。

（3）银行收益变动＝利率敏感性缺口×利率变动幅度。

表8-1、表8-2、表8-3分别显示不同缺口下利率变动对银行利息收入的影响。

表8-1　正缺口利率变动的影响

资金缺口	利率敏感比率	利率变动	利息收入	利息支出	净利息收入
正值	＞1	上升	增加	增加	增加
正值	＞1	下降	减少	减少	减少

表8-2　负缺口利率变动的影响

资金缺口	利率敏感比率	利率变动	利息收入	利息支出	净利息收入
负值	＜1	上升	增加	增加	减少
负值	＜1	下降	减少	减少	增加

表8-3　零缺口利率变动的影响

资金缺口	利率敏感比率	利率变动	利息收入	利息支出	净利息收入
零	＝1	上升	增加	增加	不变
零	＝1	下降	减少	减少	不变

（二）久期分析法

久期分析也称为持续期分析或期限弹性分析，是衡量利率变动对银行经济价值影响的一种方法。

具体而言，就是对各时段的缺口赋予相应的敏感性权重，得到加权缺口，然后对所有时段的加权缺口进行汇总，以此估算某一给定的小幅（通常小于1%）利率变动对银行经济价值的影响。各个时段的敏感性权重通常是由假定的利率变动乘以该时段头寸的假定平均久期来确定。一般而言，金融工具的到期日或距下一次重新定价日的时间越长，并且在到期日之前支付的金额越小，则久期的绝对值越高，表明利率变动将会对银行的经济价值产生较大的影响。

久期分析也是对利率变动进行敏感性分析的方法之一。与缺口分析相比较，久期分析是一种更为先进的利率风险计量方法。缺口分析侧重于计量利率变动对银行短期收益的影响，而久期分析则能计量利率风险对银行整体经济价值的影响，即估算利率变动对所有头寸的未来现金流现值的影响，从而对利率变动的长期影响进行评估，可以更为准确地计量利率风险敞口。

（三）VaR分析法

VaR（Value at Risk，风险价值）分析法，称为风险价值模型，也称在险价值方法，常用于金融机构的风险管理。

VaR是指在一定的持有期和置信水平下，利率、汇率等市场风险要素的变化可能对资产价值造成的最大损失。用公式表示为：$P(\Delta P \Delta t \leqslant \text{VaR}) = a$。相关变量的含义如下。

P：资产价值损失小于可能损失上限的概率，即英文的probability。

Δt：某一金融资产的持有期。

ΔP：某一金融资产在一定持有期Δt内的价值损失额。

a：给定的置信水平。

VaR：给定置信水平a下的在险价值，即可能的损失上限。

VaR从统计的意义上讲，本身只是个数字，是指面临"正常"的市场波动时"处于风险状态的价值"，即在给定的置信水平和一定的持有期限内，预期的最大损失量（可以是绝对值，也可以是相对值）。例如，某一投资公司持有的证券组合在未来24小时内，置信度为95%，在证券市场正常波动的情况下，VaR值为520万元，其含义是指，该公司的证券组合在一天内（24小时），由于市场价格变化而带来的最大损失超过520万元的概率为5%。平均20个交易日才可能出现一次这种情况，或者说有95%的把握判断该投资公司在下一个交易日内的损失在520万元以内。5%的概率反映了金融资产管理者的风险厌恶程度，可根据不同的投资者对风险的偏好程度和承受能力来确定。

确定VaR采用的三种模型技术如下。

1. 方差–协方差

该模型的优点是原理简单，计算快捷。缺点是不能预测突发事件，其正态分布的假设条件会产生肥尾（fat tail）现象，不能充分度量非线性金融工具（如期权和抵押贷款）的风险。

2. 历史模拟法

该模型的优点是考虑了肥尾现象，没有模型风险。缺点是单纯依靠历史数据进行度量，将低估突发性的收益率波动，风险度量的结果受制于历史周期的长度，对历史数据依赖性强，在度量大的资产组合的风险时，工作量繁重。

3. 蒙特卡洛模拟

该模型的优点是采用了一种全值估计方法，可以处理非线性、大幅波动及肥尾现象，产生大量路径模拟情景等。缺点是成本高，计算量大，存在模型风险。

采用VaR分析法计量市场风险的商业银行应当根据本行的业务规模和性质，参照国际通行标准，合理选择、定期审查和调整模型技术及模型的假设前提和参数，并制定和实施引进新模型、调整现有模型及检验模型准确性的内部政策和程序。模型的检验应当由独立于模型开发和运行人员。

与缺口分析、久期分析等传统的市场风险计量方法相比，VaR分析法的主要优点是可以将不同业务、不同类别的市场风险用一个确切的数值VaR来表示，是一种能在不同业务和风险类别之间进行比较和汇总的市场风险计量方法。尤其是将隐性风险显性化之后，更有利于银行进行风险的监测、管理和控制。同时，由于VaR具有高度的概括性且简明易懂，因此更适宜董事会和高级管理层了解本单位市场风险的总体水平。

三、商业银行市场风险的管理

商业银行市场风险管理是识别、计量、监测和控制市场风险的全过程。市场风险管理的目标是通过将市场风险控制在商业银行可以承受的范围内，实现经风险调整的收益率的最大化。商业银行应当充分识别、准确计量、持续监测和适当控制所有交易和非交易业务中的市场风险，确保在合理的市场风险水平之下安全、稳健经营。商业银行所承担的市场风险水平应当与其市场风险管理能力和资本实力相匹配。

为了确保有效实施市场风险管理,商业银行应当将市场风险的识别、计量、监测和控制与全行的战略规划、业务决策和财务预算等经营管理活动进行有机结合。

市场风险管理体系包括如下基本要素:①董事会和高级管理层的有效监控;②完善的市场风险管理政策和程序;③完善的市场风险识别、计量、监测和控制程序;④完善的内部控制和独立的外部审计;⑤适当的市场风险资本分配机制。

商业银行实施市场风险管理,应当适当考虑利率、汇率、股票价格和商品价格的波动性。同时也应当适当考虑市场风险与其他风险,如信用风险、流动性风险、操作风险、法律风险、声誉风险等的相关性,并协调市场风险管理与其他类别风险管理的政策和程序。

案例分析

奎克国民银行利率风险管理案例

1983年,奎克国民银行的总资产为1.8亿美元。其在所服务的市场区域内有11家营业处,专职的管理人员和雇员有295名。1984年初,马休·基尔宁被聘为该行的执行副总裁,着手将收到的财务数据编制成报表。

基尔宁设计的一种报表,是管理人员在开展资产负债决策时常使用的财务报表,即利率敏感性报表。其主要内容如下。

在资产方面,银行有2,000万美元是对利率敏感的浮动利率资产,其利率变动频繁,每年至少变动一次;而8,000万美元的资产是固定利率资产,其利率(至少1年)保持不变。在负债方面,银行有5,000万美元的利率敏感型负债和5,000万美元的固定利率负债。

基尔宁分析后认为:如果利率水平从10%提高到13%,该银行的资产收益将增加60万美元(2,000万美元浮动利率资产乘以3%的利率),而负债将增加150万美元(5,000万美元浮动利率负债乘以3%的利率)。这样奎克国民银行的利润将减少90万美元。反之,如果利率水平从10%降为7%,则奎克国民银行利润将增加90万美元。

基尔宁接下来分析了1984年当地和全国的经济前景,认为利率在未来12个月内将会上升,且升幅将会超过3%。为了消除利率风险,基尔宁向奎克国民银行资产负债管理委员会作报告,建议将3,000万美元的固定利率资产转换为3,000万美元的浮动利率资产。奎克国民银行资产负债管理委员会同意了基尔宁的建议。

这时,有家社区银行拥有3,000万美元固定利率负债和3,000万美元浮动利率资产,愿意将其3,000万美元的浮动利率资产转换成3,000万美元的固定利率资产。于是两家银行经过磋商,很快达成协议,进行资产互换。

正如基尔宁预测的,1984年美国利率持续上升,升幅达到4%。此举为国民银行减少了120万美元的损失,基尔宁也成为奎克国民银行的明星经理。

案例思考

基尔宁采取防御性策略,即零缺口政策,为国民银行减少了利率风险损失。基尔宁通过报表分析,得出银行有3,000万美元的利率敏感性负缺口。当利率上升时,银行将会面临损失;利率下降时,银行将获得收益。但基尔宁认为利率会上升,所以基尔宁对银行的资产进行了置换。正是基于对利率的正确预测,他使所在银行避免了一笔可能的损失。

▶ 商业银行运营沙盘

在商业银行运营沙盘中,运营的期数越多,累积的各类风险越大。特别是在经营的中后期,各银行团队要采取措施降低总风险值,避免资本充足率不符合监管要求。其中,市场风险是可以通过人为控制来降低的。对于市场风险,商业银行运营沙盘采用的计量方法是缺口分析法。

在存款和贷款业务中,由于固定利率存款和固定利率贷款不受市场利率波动的影响,因此利率敏感性的存贷款不考虑固定利率类型。利率敏感性资产即为浮动利率贷款,利率敏感性负债即为浮动利率存款。表8-4所示是某家银行团队在第四期期初的市场风险计量表。

表8-4 第四期期初市场风险计量表 （单位:万元）

第四期	剩余期限1期	剩余期限2期	剩余期限3期	剩余期限4期	剩余期限5期
利率敏感性贷款总额	9,000	15,000	0	8,000	0
利率敏感性存款总额	8,000	7,000	7,000	8,000	0
利率敏感性缺口	1,000	8,000	−7,000	0	0

从市场风险计量表可以看出,该银行在剩余期限2期和剩余期限3期存在两个比较大的利率敏感性缺口。银行团队可以采用零缺口策略,在第四期的存贷款业务经营中,有意识地吸收期限为3年期的浮动利率存款7,000万元,发放期限为2年期的浮动利率贷款7,000万元。这样剩余期限2期和剩余期限3期的缺口就能变

> 为零，从而大大降低整个市场风险。其余的存款和贷款业务也要注意期限的搭配以及浮动利率存贷款和固定利率存贷款的搭配，尽可能降低利率敏感性缺口。

第三节 商业银行的操作风险

一、商业银行操作风险的识别

操作风险是指由于金融机构工作人员的操作不当或者失误、制度漏洞、外部监管缺位等而形成的风险。操作风险涉及范围广、危害性强，越来越引起金融机构及监管部门的重视，也是防范金融风险的重要方面，应引起高度重视。

根据《巴塞尔协议》给出的定义，操作风险是指由不完善或有问题的内部程序、人员及系统或外部事件所造成损失的风险。该定义不包括策略风险和声誉风险，但包括法律风险。一般意义而言，一家银行不断地出现这样或那样由于操作原因而导致的损失，必然会对该银行的声誉产生负面影响。而委员会之所以提出操作风险不包括策略风险和声誉风险，主要考虑是，因经营策略不当和声誉出现问题所引起的损失增加或收益下降在现阶段是无法量化的，所以不纳入风险资本的监管范围。从委员会给出的定义可以看出，操作风险损失是指与操作风险事件相联系，并且按照通用会计准则被反映在银行财务报表上的财务损失，包括所有与该操作风险事件有联系的成本支出，但不包括机会成本、损失挽回、为避免后续操作风险损失而采取措施带来的相关成本。

二、商业银行操作风险的度量

根据《巴塞尔协议》的建议，对操作风险的计量主要有三种方法：基本指标法、标准法和高级计量法。

使用基本指标法的银行大都是规模比较小、业务相对简单的银行。这种方法将银行视为一个整体,只分析银行整体的操作风险,而不对其构成进行分析。《巴塞尔协议》提出,以银行过去三年的平均总收入为标准,乘以15%来确定操作风险所需要的资本准备。使用标准法的银行主要是数据收集能力和分析能力有限的银行。标准法将金融机构划分为不同的业务线,对每种业务线设定一个固定百分比系数β,将其乘上相应的指标,即为该业务所占用的操作风险资本金配置要求。使用高级计量法的大都是规模很大、业务组合非常复杂的银行。高级计量法要根据内部采集数据对每种业务线和每种类型的可能损失分别进行计算,其中部分数据也可以从外部采集。

三、商业银行操作风险的管理

从商业银行管理的角度而言,操作风险管理最重要的是要解决两个问题,其一是如何准确地测量风险,其二是通过何种手段或方法防范操作风险可能带来的损失。

操作风险不同于信用风险和市场风险,有其自身的特殊性质。商业银行在经营活动中,需要进行各种不同类型的业务操作,这些业务操作遍布商业银行内部各业务环节、产品线和不同的管理层面。由于各种不确定因素的存在,这些操作过程本身存在着失误的可能性。但绝大多数操作风险都是可以避免的,即使是不可避免,操作风险也可以通过保险或其他风险转移机制加以缓冲。虽然业务操作和相关的业务活动会为银行带来价值,但是承担操作风险本身并不会创造价值。操作风险的这种特殊性质决定了商业银行要注重防范这种损失的发生,而损失的减少就意味着收益的增加。

为了防范银行内部的利益冲突,科学地控制风险和测量风险,商业银行内部控制和防范操作风险与测量操作风险的工作是由两个部门分别承担的。银行内控委员会负责操作风险的控制和防范;银行的风险管理委员会负责操作风险的测量。

银行内控委员会是通过内部控制系统来控制和防范操作风险的。原银监会于2014年颁布了《商业银行内部控制指引》,共设七章五十一条,从内部控制职责、内部控制措施、内部控制保障、内部控制评价、内部控制监督等五个方面对商业银行内部控制管理问题进行了全面的规范,是我国银行业走向科学化管理、完善自我约束机制的一部具有现实意义的指导性文件。

第四节 商业银行的流动性风险

商业银行的流动性，是指银行在任何时候能以合理的价格获得足够的资金满足存款人提取现金和借款人合理贷款的需求的能力，是一种在不损害价值的情况下的变现能力，一种足以应对各种责任的资金可用能力。

商业银行流动性风险是指商业银行无法以合理成本及时获得充足资金，用于偿付到期债务、履行其他支付义务和满足正常业务开展等资金需求的风险。

一、商业银行流动性风险的识别

1997年巴塞尔银行监管委员会发布的《有效银行监管的核心原则》里对银行流动性风险定义如下：商业银行流动性风险是指商业银行无法为负债的减少或资产的增加提供融资的可能性，即当银行流动性不足时，它无法以合理的成本迅速增加负债或变现资产获得足够的资金，从而影响其盈利水平。当银行没有足够的资金偿还债务时，只有两种选择：一是将其持有的资产出售，二是从外部融资。出售持有的资产，会遇到市场流动性风险，这种风险跟特定产品和市场有关；从外部融资，就会遇到融资流动性风险，这种风险跟银行整体状况有关。因此，商业银行流动性风险包含市场流动性风险和融资流动性风险。

（一）市场流动性风险

市场流动性风险是指由于市场深度不足或市场动荡，商业银行无法以合理的市场价格出售资产以获得资金的风险，反映了商业银行在无损失或微小损失情况下迅速变现的能力。

巴塞尔委员会将银行资产按流动性高低分为四类：

（1）最具有流动性的资产，如现金及在中央银行的市场操作中可用于抵押的政府债券，这类资产可用于从中央银行获得流动性支持，或者在市场上出售、回购或抵押融资。

（2）其他可在市场上交易的证券，如股票和同业借款，这些证券是可以出售的，但在不利情况下可能会丧失流动性。

（3）商业银行可出售的贷款组合，一些贷款组合虽然有可供交易的市场，但在流动性分析的框架内却可能被视为不能出售。

（4）流动性最差的资产，包括实质上无法进行市场交易的资产。

（二）融资流动性风险

融资流动性风险是指商业银行在不影响日常经营或财务状况的情况下，无法及时有效地满足资金需求的风险，反映了商业银行在合理的时间、成本条件下迅速获取资金的能力。

由于零售客户和公司/机构客户对商业银行风险状况的敏感度存在显著差异，因此融资流动性还应当从零售负债和公司/机构负债两个角度进行深入分析。零售客户对商业银行的风险状况和利率水平缺乏敏感度，其存款意愿通常取决于自身的金融知识和经验、银行的地理位置、产品种类、服务质量等感性因素。公司/机构客户则可以便利地通过多种渠道了解商业银行的经营状况。

商业银行流动性风险管理的核心是要尽可能地提高资产的流动性和负债的稳定性，并在两者之间寻求最佳的风险—收益平衡点。

二、商业银行流动性风险的度量

流动性风险的度量是管理流动性风险的前提。传统的银行流动性风险的度量方法包括如下几种。

（一）现金流量法

通过比较一家银行一定时期的资金来源和使用情况，可以从现金流量角度对流动性进行度量。当资金来源与使用不匹配时，银行就有流动性缺口。缺口的大小以资金来源和使用之间的差异来衡量。当资金来源量超过资金使用量时，就出现正的流动性缺口，此时表明银行拥有一个流动性缓冲器，多余的流动性资金可以被迅速地投资于盈利性资产。相反，若出现负的流动性缺口，则必须采取措施应对赤字所带来的潜在的流动性风险。

（二）比较同类规模银行情况

把银行的某些主要比率和资产负债特征，如贷款与存款的比率等，与具有相近规模和地理位置的银行相比较，也可以对银行的流动性风险进行间接的度量。

（三）计算流动性指数

流动性指数衡量的是银行的一种潜在性亏损水平，这种亏损是由于出现意外情况而被迫廉价变卖资产所取得的价值与正常市场情况下出售资产所取得的价值之间的差异。该差异越大，表明银行资产组合的流动性越小，用公式可以表示为：

$$I=\sum W_i^*(P_i/P_i^*)$$

其中 W_i^* 表示每项资产在该银行资产组合中的百分比；P_i 表示因意外而大幅削减的价格；P_i^* 表示正常市场出售的价格。该指数值在0和1之间。

（四）计量融资缺口和融资需求

经验表明，虽然活期存款持有者在理论上可以随时提取在银行的存款，但正常情况下，多数银行活期存款在银行起码存放2年以上。因此，银行可以将平均存款（包括活期存款）额作为银行的一个核心资金来为贷款提供融资来源。银行的平均贷款额与平均存款额之间的差异就构成了融资缺口。这种计量方法要求知道银行存款基础的相对稳定性，以及银行融资缺口、融资需求的变化。特别地，持续增长的融资缺口是流动性风险的指示器。

（五）观察市场信息指标

银行控制流动性风险的能力还与银行在市场上的地位、形象和实力有关，并因此衍生出了市场信息指标，例如，公众的信心、银行发放存款证明或其他借款的风险加价的能力、资产出售时产生的损失、满足资信好的客户的资金需求的能力、向中央银行借款的情况、票据的贴现或转贴现情况、资信评级、中间业务情况等。由于受信息不对称的影响，上述市场信息指标并不能完全真实反映银行控制和管理流动性风险的实际能力，但通过对这些指标的分析，银行可以对自己在市场上的地位和形象作出较为正确的判断，这种判断将有助于其制定合理的流动性风险管理策略。

三、商业银行流动性风险的管理

商业银行的流动性管理实质上是针对影响资金供给和需求的诸多因素，设法在资金的流出和流入之间取得一种平衡。这就要求商业银行尽可能保持负债的稳定性和持续性，同时还要增强资产的流动性。

商业银行的流动性风险管理，通常从存量和流量两个方面着手。从存量角度来看，它要求银行必须保留一定的现金资产或其他容易变现的资产，而且其流动性资产还必须与预期的流动性需求相匹配。从流量角度来看，资金的流动性可以通过银行的各种资金流入来获得，比如存款的存入、贷款的归还、利息收入的进账等。所以，流动性管理不仅要求商业银行持有充足的现金等流动性资产，而且还应具有迅速从其他渠道筹措资金的能力，以保证能够及时履行支付义务和贷款承诺。

（一）商业银行流动性风险管理应遵循的原则

商业银行在进行流动性风险管理时应遵循以下几条原则。

1. 相机抉择原则

商业银行在流动性、安全性和盈利性之间必须作出选择，在保证银行正常经营活动的前提下努力提高盈利性，根据不同时期的业务经营重点权衡利弊、相机抉择。当出现流动性缺口时，银行管理者既可以通过主动负债的方式扩大经营规模以满足流动性需求（通常可通过发行债券、大面额存单及向金融市场拆借资金来补充流动性），也可以收缩资产规模，通过出售资产或以资产转换的方式来满足流动性需求。通过主动负债筹集资金有利于银行业务扩张，降低银行经营成本，提高经营效益，但也具有一定的风险性，易受利率、市场及公众心理等诸多因素影响，有时反而会导致银行筹资成本增加或者不能筹集到足够的资金。而通过收缩资产、资产转换等方式进行流动性管理，银行的资金调整、转换受市场因素影响较小，在遭遇不确定的资产需求时，可通过内部资金调整来满足流动性，因此安全可靠且风险较小，但银行将为之付出较高的机会成本，因为以这种方式进行风险管理，必须要准备大量的准备资金，这必然将以其他利息较高的资产规模收缩为代价。总之，无论通过何种方式来进行流动性风险管理，最根本的一点就是筹措资金的成本必须小于运用这笔资金所获得的收益，只有做到这一点，管理策略才是可行的。一般而言，一些实力雄厚的大银行，在金融市场上拥有良好的借款信誉，易于通过主动负债的方式获得成本较低的资金，而广大中小银行由于其规模、资金实力、信用等方面与大银行存在差距，因而多采取收缩资产、资产转换的方式来获得资金。

2. 最低成本原则

无论是以主动负债方式筹集资金还是通过自身资产转换来满足流动性需求，都要牢记一点，那就是保证成本最低。成本最小化是最优方案的条件之一。在此基础上，银行可以对未来流动性需求及市场资金供求趋势进行预测，并以此为依据作出多种筹资方案以供选择。当然，成本最低化只是相对而言的。

（二）建立健全的流动性风险管理体系

流动性风险管理是识别、计量、监测和控制流动性风险的全过程。商业银行应坚持审慎性原则，充分识别、有效计量、持续监测和适当控制银行整体及在各产品、各业务线、各业务环节、各层机构中的流动性风险，确保商业银行无论是在正常经营环境中还是在压力状态下，都有充足的资金应对资产的增长和到期债务的支付。监管部门应督促商业银行建立健全的流动性风险管理体系，对法人和集团层面、各附属机构、各分支机构、各业务条线的流动性风险进行有效识别、计量、监测和控制，确保其流动性需求能够及时以合理成本得到满足。

流动性风险管理体系应当包括以下基本要素：①有效的流动性风险管理治理机构；②完善的流动性风险管理策略、政策和程序；③有效的流动性风险识别、计量、监测和控制；④完备的管理信息系统。

案例分析

美国硅谷银行流动性风波

一、硅谷银行介绍

硅谷银行的资产管理规模约2120亿美元，是美国的第16大商业银行。过去40年，硅谷银行是美国高科技初创企业投融资服务最活跃的金融机构之一。不同于传统大型银行，硅谷银行专注于向美国高科技初创企业提供股权融资、过桥贷款、经营性贷款等投融资服务。尤其是硅谷银行开创的投贷联动模式，一度成为传统银行扶持高科技初创企业发展的"典范"。很多美国高科技初创企业在做大做强后，为了感谢硅谷银行对他们早期发展的投融资支持，会将大量资金存放在硅谷银行，此举既可以助力硅谷银行支持更多初创企业成长，又能获取较高的存款利息收入。

二、事件回顾

2023年3月9日，美国硅谷银行股价大跌60%，创下历史最大单日跌幅，甚至拖累美国银行股集体大跌，引发市场关注。硅谷银行在3月8日盘后发布公告，为了应对资金流动性压力，已经出售完成210亿美元的可供出售资产（主要是长期美国国债与长期抵押贷款支持证券），但此举导致18亿美元亏损。考虑到其持有至到期资产的规模高达913亿美元，不仅规模远超可供出售资产，且久期更长，因此一旦存款人对公司丧失信心，则其面临的潜在损失将非常大。

三、期限错配引发利率风险

硅谷银行的问题在于其在流动性宽松时期大量吸收存款并配置长期限的债券资产，导致潜在的利率风险大幅增加，美联储加息使得问题迅速暴露。从银行资产负债表来看，即"借短放长"（资金来源短期化、资金运用长期化）导致期限错配（资产端期限与负债端期限不匹配）。

从负债端来看，2020年下半年，美联储仍承诺将长时间维持零利率，量化宽松持续进行。全球迎来了一波科技企业的融资热潮，硅谷银行也吸收了大量来自其科技企业客户的低息存款。

从资产端来看，截至2022年底，硅谷银行主要拥有两类资产：一是1,200亿美元的证券投资，其中913.21亿美元是持有至到期账户中的抵押贷款支持证券组合，260.69亿美元是可供出售账户中的金融资产。这些资产久期很长，其中大约80%的金融资产剩余期限都在十年以上，利率风险很大。二是138亿美元的现金及现金等价物（包括准备金、回购、短债）。2020年中至2021年中，硅谷银行的这类资产由140亿增长到220亿，但是到2021年底下降至130亿，甚至低于2020年中的水平。这反映出，硅谷银行在激进配置长期资产的同时，并没有为应对存款流出预留出等比例的现金储备。

这一切在2022年完全逆转。由于美国经济衰退风险加大与美联储持续大幅加息，2021年以来美国IPO市场不景气，众多高科技初创企业不得不从硅谷银行持续抽走大量存款以支持自身业务运营，导致硅谷银行存款流失加剧。

在美联储加息的背景下，硅谷银行同时面临着两个问题：一是从存款利率来看，有息存款成本从2021年的0.13%大幅攀升到2022年的1.13%；二是从存款规模来看，2022年末存款余额较2021年末下降8.5%至1731亿美元，其中无息存款更是减少36%至808亿美元。硅谷银行只能抛售210亿美元长期资产支持抵押证券补充流动性缺口，却遭遇约18亿美元亏损。此外，美联储大幅加息令长期债券资产估值持续下跌，给硅谷银行借短投长操作造成了更高的账面损失。

相比投资亏损，硅谷银行面临的最紧急的风险是挤兑。随着对冲基金Coatue、风投机构USV、投资机构Founder Collective等数十家风投公司纷纷建议所投资的高科技企业从硅谷银行撤出存款，局面骤然恶化，当晚硅谷银行股价骤跌约60%。

案例思考

商业银行资产负债期限错配是引发银行流动性风险的主要原因，严重时还将可能导致银行挤兑危机。硅谷银行在过去几年存款大幅增长的时候，用吸收进来的资金在资产端配置了大量长久期的持有至到期资产和可供出售资产，期限错配严重，面临巨大的利率风险。美联储货币政策变化只是硅谷银行危机爆发的导火线。商业银行作为中介机构的本质就是信用转换和期限转换，流动性转换则是期限转换的结果，在硅谷银行的例子中，即利用流动性好的短期存款发放流动性差的长期贷款，这使硅谷银行的资产负债表变得非常脆弱。因此，强化金融机构的流动性风险监管成为国际监管改革的重要内容。

▶ 商业银行运营沙盘

在商业银行运营沙盘中，流动性管理是每个银行团队日常最基本的工作。当出现流动性需求时，商业银行要通过各种资金流入来获得流动性供给，比如新的存款的存入、贷款的归还、利息收入的进账等。当出现了流动性盈余时，商业银行要尽量通过债券投资等途径将多余的资金用出去。

在沙盘中，流动性风险主要有以下几种表现形式。

（1）期限错配导致流动性风险，如短期存款到期而长期贷款还未收回。

（2）不良贷款导致流动性风险。当银行发放了不良贷款时，需要百分之百计提贷款减值准备，资金链可能立即断裂。

对于流动性风险的管理，不仅要求商业银行持有充足的现金等流动性资产，而且要求商业银行具有迅速使从其他渠道筹措资金的能力，以保证及时履行支付义务和贷款承诺。在沙盘中，银行团队可以通过主动负债的方式来满足流动性需求，比如增加分行以多吸收存款，或者向其他银行拆借资金来补充流动性。银行也可以通过收缩资产规模或者以资产转换的方式来满足流动性需求，比如减少贷款的投放、变卖国债等。

本章小结

1. 信用风险又称违约风险，是指银行的借款人或者交易对象不能按事先达成的协议履行义务而给银行造成损失的潜在可能性，也包括借款人的信用评级和履约能力变动导致债务的市场价值发生变动而给银行造成损失的可能性。

2. 商业银行信用风险的度量，一般有信用风险参数计量和信用风险加权资产计量两个维度。

3. 常用的信用风险控制手段包括明确信贷准入和退出政策、限额管理、风险缓冲、风险定价等。

4. 商业银行市场风险是指因市场价格（包括利率、汇率、股票价格和商品价格）的不利变动而使银行表内和表外业务发生损失的风险。

5. 商业银行市场风险的常用计量方法有缺口分析法、久期分析法和VaR分析法。

6. 操作风险是指由于金融机构工作人员的操作不当或者失误、制度漏洞、外部监管缺位等形成的风险。

7. 根据《巴塞尔协议》的建议，对操作风险的计量主要有三种方法：基本指标法、标准法和高级计量法。

8.商业银行流动性风险是指商业银行无法为负债的减少或资产的增加提供融资的可能性,即当银行流动性不足时,它无法以合理的成本迅速增加负债或变现资产获得足够的资金,从而影响其盈利水平。

9.商业银行流动性风险的传统计量方式有现金流量法、比较同样规模银行的情况、计算流动性指标、计量融资缺口和融资需求、观察市场信息指标等。

10.商业银行应当建立健全的风险管理体系。

实训练习

查找一家上市商业银行的年报,了解该银行如何进行全面的风险管理。

第九章 商业银行监管

由于商业银行自身的经营特点及其在金融体系中的重要作用，各国政府都对银行的经营作出全面和广泛的监管。政府对银行业的监管都以谨慎监管为原则。本章有三节，第一节讲述政府对银行业进行监管的原因；第二节介绍了政府对银行业进行监管的内容；第三节分别介绍了中国人民银行、国家金融监督管理总局和中国证监会等监管主体。

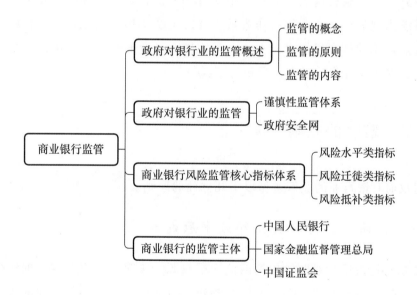

第一节 政府对银行业的监管概述

一、监管的概念

金融监管是指政府通过特定机构（如中央银行）对金融交易行为主体进行的某种限制或规定。金融监管本质上是一种具有特定内涵的政府规制行为。

银行业监管有狭义和广义之分。狭义的银行业监管是指中央银行或者其他金融主管当局依据国家法律对整个银行业（包括银行机构和银行业务）实施的监督管理。广义的银行业监管除狭义金融监管外，还包括银行机构的内部控制和稽查、同业自律组织的监管、社会中介组织的监管等内容。

商业银行是经营货币信用业务的特殊企业，银行业的高风险特征在于它容易遭受存款挤兑而引发银行危机，而且单个银行的危机容易传染并蔓延开来，导致整个银行业系统出现危机。商业银行作为最重要的金融机构，往往是各国金融监管的重点。银行业监管的基本目标有三点：一是维护金融业的安全与稳定；二是保护公众利益；三是维持银行业的运作秩序和公平竞争。

二、监管的原则

我国政府对银行业的监管遵循以下几方面的原则。

（一）依法、公开、公正和效率原则

依法原则是指银行业监管机构的监管职权源于法律，并应严格依据法律行使其监管职权，履行监管职能。公开原则是指对银行业的监督管理行为除依法应当保守秘密的以外，都应当向社会公开：一是信息的公开，二是监管行为的公开。公正原则是指所有依法成立的银行业金融机构具有平等的法律地位，监管机关应当依法监管，平等地对待所有的被监管对象。效率原则是指监管机关在监管活动中应合理配置和利用监管资源，提高监管效率，降低监管成本，并在法律规定的期限内完成监管任务。

（二）独立监管原则

独立监管原则是指银行业监督管理机构及其监管工作人员依法独立履行监督管理职责，其权利受法律保护，地方政府、社会团体和个人不得干涉。

（三）审慎监管原则

银行业监督管理机构应当以认真谨慎的态度对银行的资本充足性、流动性、风险管理、内部控制机制等方面制定标准并进行有效的监督和管理。

（四）协调监管原则

协调监管原则是指在中央银行、银行业监管机构、证券业监管机构、保险业监管机构之间建立协调合作、互相配合的机制。参与协调监管的各方就维护金融稳定、跨行业监管和重大监管事项等问题定期进行协商，目的在于协调货币政策以及对银行业、证券业、保险业的监管政策，避免出现监管真空和重复监管，从而提高监管效率，维护整个金融体系的稳定。

（五）跨境合作监管原则

随着金融国际化的发展，各国金融市场之间的联系和依赖性不断加强，各种金融风险在国家之间相互转移、扩散。在此背景下，各国越来越重视国家间银行监管的合作，各种国际性监管组织也纷纷成立，力图制定统一的跨境监管标准。跨境银行合作监管是为了确保所有跨境银行都能得到其母国和东道国监管当局的有效监管，跨境银行的母国和东道国监管当局之间应当建立合理的监管分工和合作，就监管的目标、原则、标准、内容、方法以及实际监管中发现的问题进行协商和定期交流。

三、监管的内容

世界各国对银行业进行监管的主要内容有以下几点。

（一）市场的准入制

市场准入是指银行监管当局根据法律法规的规定，对银行机构的市场开拓、业务开展和从业人员素质实施管制的行为。例如，从注册资本来看，在我国设立商业银行的注册资本最低限额为十亿元人民币，城市合作商业银行的注册资本最低限额为一亿元人民币，农村合作商业银行的注册资本最低限额为五千万元人民币。

（二）商业银行的资本充足性

目前各国均按照《巴塞尔协议》规定的资本比率对商业银行进行资本监管。

（三）商业银行的清偿力

银行清偿力是指银行及时偿还客户债务的能力。与一般的工商企业不同，高负债经营是银行营运的基本特点。由于存款客户可以随时要求兑付，这种特殊的经营方式容易造成风险的聚集与放大，一旦出现挤兑现象或其他的营运危机，所危及的往往不只是单个银行，还会累及其他银行乃至整个银行体系，引发系统性金融危机。

（四）商业银行业务活动范围

在我国，商业银行的经营范围由商业银行章程规定，报中国人民银行批准。法律规定商业银行的业务范围，目的是保护商业银行的专业经营，从而保护存款人的利益和其他客户的利益。商业银行只能在法定的业务范围内从事经营活动，不允许经营超出法定范围的业务。由于银行业对社会安定和经济发展有直接的影响，为了保证国家能够从宏观上调控银行业的发展，并且保证商业银行的安全运营，国家有必要对商业银行的经营范围进行审批。

（五）贷款集中度

贷款集中度是指贷款占该家银行资本净额的比重。贷款过于集中于某些行业不利于分散风险。

第二节　政府对银行业的监管

政府对银行业的监管，一方面要保护存款人的利益，另一方面要保护银行体系的稳定。政府对银行业的监管主要由两大部分构成：谨慎性监管体系和政府安全网。

一、谨慎性监管体系

谨慎性监管，也称预防性监管，是银行监管中经常性的且最有效的事前安全措施，主要包括市场准入监管、业务范围监管、经营过程监管和市场退出机制。

（一）市场准入监管

市场准入，即对银行金融机构的开业申请进行审查。银行业不是一个可以自由进入的行业，对金融机构的开业申请进行审查，将不合格的申请人挡在银行业大门之外，是保证银行业稳定的第一道防线。

我国《商业银行法》第十一条规定，设立商业银行，应当经国务院银行业监督管理机构审查批准。未经国务院银行业监督管理机构批准，任何单位和个人不得从事吸收公众存款等商业银行业务，任何单位不得在名称中使用"银行"字样。

市场准入一般采用审批制，一般需要考虑以下几个因素：①最低注册资本限额；②完善的公司治理结构和内部控制制度；③高级管理人员素质；④银行业竞争状况和经济发展状况。

我国《商业银行法》第十二条规定，设立商业银行，应当具备下列条件：①有符合本法和《中华人民共和国公司法》规定的章程；②有符合本法规定的注册资本最低限额；③有具备任职专业知识和业务工作经验的董事、高级管理人员；④有健全的组织机构和管理制度；⑤有符合要求的营业场所、安全防范措施和与业务有关的其他设施。设立商业银行，还应当符合其他审慎性条件。

我国《商业银行法》第十三条规定，设立全国性商业银行的注册资本最低限额为十亿元人民币。设立城市商业银行的注册资本最低限额为一亿元人民币，设立农村商业银行的注册资本最低限额为五千万元人民币。注册资本应当是实缴资本。

国务院银行业监督管理机构根据审慎监管的要求可以调整注册资本最低限额，但不得少于前款规定的限额。

（二）业务范围监管

监管当局对银行业务活动范围的监管，要求金融机构成立后，按照金融业务许可证上规定的范围从事金融活动，不得越线。如存款银行只能经营短期信贷业务，长期融资由投资银行办理，非银行金融机构不得经营创造存款货币功能的支票存款业务，一般银行业务与信托业务必须分开、机构必须分设等。

(三) 经营过程监管

经营过程监管是指监管当局对金融机构报送的报表、数据等按一定的标准和程序进行分析，对银行进行评级，从而揭示银行经营过程中出现的情况。目前，世界上大多数国家采用了美国"联邦监督管理机构内部统一银行评价体系"（俗称"骆驼评价系统"），从资本充足性、资产质量好坏、经营管理能力、盈利水平以及流动性等几个方面，对商业银行的经营活动进行评价。

1. 资本充足性

银行的自有资本对于商业银行十分重要，它可以为银行在遭受损失时提供最后一道保障，从而增强公众对银行的信心，维护银行的稳健性。它还可以为银行的资产业务提供最低成本的资金。因此，各国监管当局都十分重视商业银行的资本充足程度，衡量资本充足程度的指标一般有资本充足率、资本与存款的比率等。

资本充足率，是指商业银行总资本与风险资产的比率。按照《巴塞尔协议》的规定，总资产包括核心资产和附属资产，风险资产等于各项资产余额与其对应的风险权重的加权平均值。资本充足率应不低于8%，其中核心资产占风险资产的比重应不低于6%。

2. 资产质量好坏

资产质量主要是指商业银行贷款的优劣程度，具体包含三重含义：一是贷款资产的安全性，即商业银行收回贷款本金的可能性；二是贷款的合法合规性；三是贷款的效益性，即贷款资产的增值潜力和盈利能力。

通常用五级风险分类法衡量贷款资产质量，即根据贷款的内在风险程度，将其划分为正常、关注、次级、可疑、损失等五类。其中，正常贷款是指借款人能够履行合同，没有足够理由怀疑贷款本息不能按时足额偿还的贷款；关注贷款是指尽管借款人目前有能力偿还贷款本息，但存在一些可能对偿还贷款不利的影响因素的贷款；次级贷款是指借款人的还款能力明显出现问题，完全依靠其正常营业收入无法足额偿还贷款本息，即使执行担保，也可能造成一定损失的贷款；可疑贷款是指借款人无法足额偿还贷款本息，即使执行担保，也肯定要造成较大损失的贷款；损失贷款是指在采取所有可能的措施或一切必要的法律程序后，本息仍然无法收回或只能收回极少部分的贷款。一般将次级贷款、可疑贷款和损失贷款统称为不良贷款。

3. 经营管理水平

经营管理水平是一个综合指标，反映银行经营的决策能力、协调能力、技术能力和风险控制能力等。其没有具体的量化指标和比率。

4.盈利水平

主要考察商业银行的盈利能力，以净资产收益率为主要监管指标。

5.流动性

对银行流动性的监测和控制是金融监管的重要内容。比如，法定存款准备金制度规定，银行必须将其存款的一定比例以库存现金和在中央银行存款的形式持有，作为保持银行流动性的最低要求。另外，还有一些具体财务指标可以用来衡量商业银行的流动性，如现金比率、流动比率、速动比率等。

（四）市场退出机制

对有问题的金融机构的处理机制，一般包括制裁与市场退出机制。具体方法主要有购买、兼并、担保及破产清算等。

二、政府安全网

银行监管的政府安全网由存款保险制度和最后贷款人制度构成。

存款保险制度是一种为存款者利益提供保护以稳定金融体系的制度。吸收存款的金融机构根据其存款的数额按规定的保费率向存款保险机构投保，当存款机构破产导致无法满足存款人的提款要求时，由存款保险机构承担支付法定保险金的责任。存款保险制度属于辅助性的事后监管。

最后贷款人是中央银行的一项职责。最后贷款人制度是当商业银行遭遇不利冲击导致流动性需求大大增加，而银行本身无法满足这一需求时，由中央银行向商业银行提供流动性以保持银行体系稳定的一种制度。

第三节　商业银行风险监管核心指标体系

为加强对商业银行风险的识别、评价和预警，有效防范金融风险，各国都制定了商业银行风险监管核心指标体系。商业银行风险监管核心指标分为三个层次，即风险水平、风险迁徙和风险抵补。

一、风险水平类指标

风险水平类指标包括流动性风险指标、信用风险指标、市场风险指标和操作风险指标,以时点数据为基础,属于静态指标。

(一)流动性风险指标

流动性风险指标衡量商业银行流动性状况及其波动性,包括流动性比例、核心负债比例和流动性缺口率等,按照本币和外币分别计算。

1.流动性比例

流动性比例为流动性资产余额与流动性负债余额之比,用以衡量商业银行流动性的总体水平,一般不应低于25%。

2.核心负债比例

核心负债比例为核心负债与负债总额之比,一般不应低于60%。

3.流动性缺口率

流动性缺口率为90天内表内外流动性缺口与90天内到期表内外流动性资产之比,一般不应低于−10%。

(二)信用风险指标

信用风险指标包括不良资产率、单一集团客户授信集中度、全部关联度三类指标。

1.不良资产率

不良资产率为不良资产与资产总额之比,一般不应高于4%。该项指标为一级指标,包括"不良贷款率"一个二级指标;"不良贷款率"为不良贷款与贷款总额之比,一般不应高于5%。

2.单一集团客户授信集中度

单一集团客户授信集中度为最大一家集团客户授信总额与资本净额之比,一般不应高于15%。该项指标为一级指标,包括"单一客户贷款集中度"一个二级指标;"单一客户贷款集中度"为最大一家客户贷款总额与资本净额之比,一般不应高于10%。

3.全部关联度

全部关联度为全部关联授信与资本净额之比,一般不应高于50%。

(三)市场风险指标

市场风险指标衡量商业银行因汇率和利率变化而面临的风险,包括累计外汇敞口头寸比例和利率风险敏感度两类指标。

1.累计外汇敞口头寸比例

累计外汇敞口头寸比例为累计外汇敞口头寸与资本净额之比,一般不应高于20%。

2.利率风险敏感度

利率风险敏感度为利率上升200个基点对银行净值的影响与资本净额之比。

(四)操作风险指标

操作风险指标衡量由于内部程序不完善、操作人员差错或舞弊以及外部事件造成的风险,表示为操作风险损失率,即操作风险损失当期发生额与前三期净利息收入与非利息收入之和的平均值之比。

二、风险迁徙类指标

风险迁徙类指标衡量商业银行风险变化的程度,表示为资产质量从前期到本期发生变化的比率,属于动态指标。风险迁徙类指标包括正常贷款迁徙率和不良贷款迁徙率。

(一)正常贷款迁徙率

正常贷款迁徙率为正常贷款中变为不良贷款的金额与正常贷款之比,正常贷款包括正常类和关注类贷款。该项指标为一级指标,包括"正常类贷款迁徙率"和"关注类贷款迁徙率"两个二级指标。正常类贷款迁徙率为正常类贷款中变为后四类贷款的金额与正常类贷款之比,关注类贷款迁徙率为关注类贷款中变为不良贷款的金额与关注类贷款之比。

（二）不良贷款迁徙率

不良贷款迁徙率包括次级类贷款迁徙率和可疑类贷款迁徙率。次级类贷款迁徙率为次级类贷款中变为可疑类贷款和损失类贷款的金额与次级类贷款之比，可疑类贷款迁徙率为可疑类贷款中变为损失类贷款的金额与可疑类贷款之比。

三、风险抵补类指标

风险抵补类指标衡量商业银行抵补风险损失的能力，包括盈利能力、准备金充足程度和资本充足程度三个方面。

（一）盈利能力指标

盈利能力指标包括成本收入比、资产利润率和资本利润率等。

1.成本收入比

成本收入比为营业费用加折旧与营业收入之比，一般不应高于45%。

2.资产利润率

资产利润率为税后净利润与平均资产总额之比，一般不应低于0.6%。

3.资本利润率

资本利润率为税后净利润与平均净资产之比，一般不应低于11%。

（二）准备金充足程度指标

准备金充足程度指标包括资产损失准备充足率和贷款损失准备充足率。

1.资产损失准备充足率

资产损失准备充足率为一级指标，为信用风险资产实际计提准备与应计提准备之比，一般不应低于100%。

2.贷款损失准备充足率

贷款损失准备充足率为贷款实际计提准备与应计提准备之比，一般不应低于100%，属二级指标。

(三) 资本充足程度指标

资本充足程度指标包括核心资本充足率和资本充足率。

1.核心资本充足率

核心资本充足率为核心资本与风险加权资产之比,一般不应低于4%。

2.资本充足率

资本充足率为核心资本加附属资本与风险加权资产之比,一般不应低于8%。

表 9-1 是商业银行风险监管核心指标体系一览表。

表 9-1 商业银行风险监管核心指标体系一览表

指标类别		一级指标	二级指标	标准值
风险水平	流动性风险指标	流动性比例		不低于25%
		核心负债比例		不低于60%
		流动性缺口率		不低于-10%
	信用风险指标	不良资产率		不高于4%
			不良贷款率	不高于5%
		单一集团客户授信集中度		不高于15%
			单一客户贷款集中度	不高于10%
		全部关联度		不高于50%
	市场风险指标	累计外汇敞口头寸比例		不高于20%
		利率风险敏感度		
	操作风险指标			
风险迁徙	正常贷款迁徙率	正常类贷款迁徙率		
		关注类贷款迁徙		
	不良贷款迁徙率	次级类贷款迁徙率		
		可疑类贷款迁徙率		
风险抵补	盈利能力	成本收入比		不高于45%
		资产利润率		不低于0.6%
		资本利润率		不低于11%
	准备金充足程度	资产损失准备充足率		不低于100%
			贷款损失准备充足率	不低于100%
	资本充足程度	核心资本充足率		不低于4%
		资本充足率		不低于8%

第四节　商业银行的监管主体

2023年3月，中共中央、国务院印发了《党和国家机构改革方案》，决定组建国家金融监督管理总局，同年5月18日，国家金融监督管理总局正式挂牌，中国金融监管体系形成新的"一行一局一会"（中国人民银行、国家金融监督管理总局、证监会）格局。中国人民银行专注货币政策和宏观审慎监管，金融监管总局集机构监管与行为监管于一身，证监会则专司资本市场监管。

一、中国人民银行

在我国金融监管体系中，中国人民银行居于十分重要的地位。从1984年开始，中国人民银行专司中央银行职能，开启了我国真正意义上的金融监管。虽然我国的金融监管机制先后经历了从一行统筹到"一行三会"（中国人民银行、银监会、保监会和证监会），再到"一行两会"（中国人民银行、银保监会、证监会），直至现在的"一行一局一会"，中国人民银行在金融监管中始终发挥重要作用，同时，还被国务院赋予维护金融稳定、反洗钱、征信管理等和监管有关的重要职能。

二、国家金融监督管理总局

国家金融监督管理总局在中国银行保险监督管理委员会基础上组建，将中国人民银行对金融控股公司等金融集团的日常监管职责、有关金融消费者保护职责、中国证券监督管理委员会的投资者保护职责划入国家金融监督管理总局。

国家金融监督管理总局统一负责除证券业之外的金融业监管，强化机构监管、行为监管、功能监管、穿透式监管、持续监管，统筹负责金融消费者权益保护，加强风险管理和防范处置，依法查处违法违规行为，作为国务院直属机构。

作为组建基础的中国银保监会诞生于2018年，在存续期间发挥了重要的监管作用。2018年3月，第十三届全国人大一次会议表决通过国务院机构改革方案。根据该方案，中国银监会和中国保监会的职责进行整合，组建中国银行保险监督管理委员会（简称中国银保监会），履行对银行业和保险业监管工作的集中统一领导。

拓展阅读

《商业银行监管评级办法》发布

2021年9月，为加强商业银行风险监管，完善商业银行同质同类比较和差异化监管，合理分配监管资源，促进商业银行可持续健康发展，原中国银保监会发布《商业银行监管评级办法》（以下简称《办法》）。

《办法》共五章二十七条，包括总则、评级要素与评级方法、评级程序、评级结果运用、附则，从总体上对银行机构监管评级工作进行规范，完善银行监管评级制度，充分发挥监管评级在非现场监管中的核心作用和对银行风险管理的导向作用。一是建立统一协调的监管评级工作机制，增强规范性和客观性。完善银行监管评级程序，进行统一管理，明确操作要求，增强监管评级工作的严肃性、规范性。利用监管评级信息系统开展评级工作，加强评级流程跟踪和管理，提升监管评级效率和准确性。二是完善评级内容和方法，提高灵活度和适应性。坚持"风险为本"原则，优化监管评级要素体系，在传统"CAMELS＋"评级体系基础上，突出公司治理、数据治理等的重要性，并专设机构差异化要素，充分反映监管重点和不同类型银行机构风险特征。建立评级结果级别限制和动态调整机制，确保对银行风险具有重要影响的突发事件和不利因素得到及时、合理反映。三是加强评级结果运用，切实提升监管效能。强调监管评级结果是综合衡量银行经营状况、风险程度和管理能力的主要依据，监管机构应当根据银行评级情况，科学制定监管规划，合理配置监管资源。明确监管机构可以根据监管评级结果，依法采取相应监管措施和行动，注重"早期介入"，努力实现风险早发现、早介入、早处置，防止风险苗头和隐患演变为严重问题。

《办法》的发布和实施，进一步完善了商业银行监管规则，为加强商业银行非现场监管、发挥监管评级的重要作用提供了制度保障，有利于合理分配监管资源、增强监管能力，有利于引导银行完善风险防控、筑牢全面风险管理体系，有利于完善金融风险预警和处置机制，守住不发生系统性金融风险底线，维护金融稳定和国家金融安全。

资料来源：中国银行保险监督管理委员会官网。

三、中国证监会

中国证监会于1992年10月成立，标志着我国证券市场统一监管体制的形成。中国证监会依照法律法规和国务院授权，统一监督管理全国证券期货市场，维护证券期货市场秩序，保障其合法运行。主要监管职责如下。

（1）垂直领导全国证券期货监管机构，对证券期货市场实行集中统一监管；管理有关证券公司的领导班子和领导成员。

（2）监管股票、可转换债券、证券公司债券和国务院确定由证监会负责的债券及其他证券的发行、上市、交易、托管和结算；监管证券投资基金活动；批准企业债券的上市；监管上市国债和企业债券的交易活动。

（3）监管上市公司及其按法律法规必须履行有关义务的股东的证券市场行为。

（4）监管境内期货合约的上市、交易和结算；按规定监管境内机构从事境外期货业务。

（5）管理证券期货交易所；按规定管理证券期货交易所的高级管理人员；归口管理证券业、期货业协会。

（6）监管证券期货经营机构、证券投资基金管理公司、证券登记结算公司、期货结算机构、证券期货投资咨询机构、证券资信评级机构；审批基金托管机构的资格并监管其基金托管业务；制定有关机构高级管理人员任职资格的管理办法并组织实施；指导中国证券业、期货业协会开展证券期货从业人员资格管理工作。

（7）监管境内企业直接或间接到境外发行股票、上市以及在境外上市的公司到境外发行可转换债券；监管境内证券、期货经营机构到境外设立证券、期货机构；监管境外机构到境内设立证券、期货机构，从事证券、期货业务。

（8）监管证券期货信息传播活动，负责证券期货市场的统计与信息资源管理。

（9）依法对证券期货违法违规行为进行调查、处罚。

本章小结

1.商业银行作为最重要的金融机构是各国金融监管的重点。

2.政府对商业银行的监管方式主要由两大部分构成：谨慎性监管体系和政府安全网。

3.谨慎性监管是银行监管中经常性的且最有效的事前安全措施，主要包括市场准入监管、业务范围监管、经营过程监管和市场退出监管。

4.作为银行监管体系构成部分的政府安全网由存款保险制度和最后贷款人制度构成。

5.商业银行风险监管核心指标体系由风险水平类指标、风险迁徙类指标和风险抵补类指标构成。

6.中国金融监管机制从"分业监管"向"综合监管"的趋势发展，在中国银行保险监督管理委员会的基础上组建了国家金融监督管理总局,形成了中国人民银行、国家金融监督管理总局和中国证券监督管理委员会的"一行一局一会"的监管格局。

实训练习

原中国银保监会在借鉴国际通用的"骆驼评级法"的基础上,根据我国具体实践提出了"CAMELS+",对商业银行的考核增加了市场风险状况敏感度和信息科技风险的维度。表9-2列示了中国银保监会对股份制商业银行的监管评价标准。

请选取一家上市商业银行,根据最新年报上的财务数据和其他各项信息,对照监管评级简表对该银行进行监管评分。

表9-2 商业银行监管评级简表

评级要素	权重	定量指标	分数	定性因素	分数
C:资本充足	15%		50		50
		资本充足率	40%	银行资本质量和构成	8
		一级资本充足率	20%	银行整体财务状况及对资本的影响	8
		核心一级资本充足率	10%	银行资产质量及拨备计提情况	8
		杠杆率	30%	银行资本补充能力	10
				银行资本管理情况	8
				银行监管资本的风险覆盖和风险评估情况	8
A:资产质量	15%		40		60
		不良贷款率	20%	不良贷款和其他不良资产的变动趋势	10
		逾期90天以上贷款与不良贷款比例	15%	信用风险资产集中度	5
		单一客户贷款集中度/单一集团客户授信集中度	25%	信用风险管理的政策、程序及其有效性	15
		全部关联度	15%	贷款风险分类制度的完善和有效	10
		拨备覆盖率	25%	保证贷款和抵(质)押贷款及其管理状况	5

续表

评级要素	权重	定量指标	分数	定性因素	分数
				贷款以外其他表内外资产的风险管理状况	15
M：管理质量	20%	—	0		100
				决策机制	10
				监督机制	4
				执行机制	6
				发展战略、价值准则和社会责任	8
				激励约束机制	6
				信息披露	6
				内部控制环境	10
				风险识别与评估	10
				内部控制措施	10
				数据质量管理	20
				信息交流与反馈	5
				监督评价与纠正	5
E：盈利状况	10%		50		50
		资产利润率	20%	盈利的真实性	12
		资本利润率	20%	盈利的稳定性	12
		成本收入比率	20%	盈利的风险覆盖性	12
		风险资产利润率	15%	盈利的可持续性	7
		净息差	15%	财务管理的有效性	7
		非利息收入比例	10%		
L：流动性风险	20%		40		60
		存贷比	30%	流动性管理治理结构	12
		流动性比例	35%	流动性风险管理策略、政策和程序	12
		流动性覆盖率	35%	流动性风险识别、计量、监测和控制	20

续表

评级要素	权重	定量指标	分数	定性因素	分数
				流动性风险管理信息系统	8
				流动性风险管理的其他要素	8
S：市场风险	10%		30		70
		利率风险敏感度	50%	市场风险管理框架	20
		累计外汇敞口头寸比例	50%		40
				市场风险管理其他要素	10
I：信息科技风险	10%	—	0		100
				信息科技治理	15
				信息科技风险管理	12
				信息科技审计	10
				信息安全管理	14
				信息系统开发与测试	12
				信息科技运行与维护	15
				业务连续性管理	12
				信息科技外包管理	10
				重大关注事项	

评级得分	90分至100分	85分至90分	80分至85分	75分至80分	70分至75分	65分至70分	60分至65分	55分至60分	50分至55分	45分至50分	30分至45分	0至30分
评级结果	1级	2A	2B	2C	3A	3B	3C	4A	4B	4C	5级	6级

资料来源：中国银行保险监督管理委员会官网。

实训操作篇

本篇介绍了实验课程的建设背景和实验特色，详细讲述了商业银行沙盘运营规则、具体的实验操作流程和实验任务，提供了实验过程中需要用的相关报表。本篇内容能让学生对实验教学理念有深入理解，明确实验任务和要求，快速熟悉实验操作过程。

第十章 商业银行运营沙盘规则

第一节 商业银行运营沙盘模拟经营环境

一、违约概率预测

宏观经济波动会对贷款企业的违约概率带来影响。在奕·金融多点触控虚拟仿真实训平台中，不同的经济模型会产生不同的违约概率预测结果。例如，在标准模型中，基于对经济趋势的预测，银行不同信用等级的贷款客户对应的各期违约概率如图10-1所示。据图可知，相同信用等级贷款客户，第五期的违约可能性相比于前期都要更高。

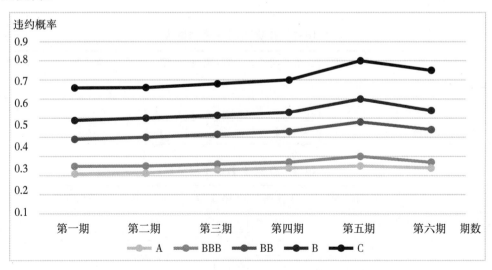

图10-1 不同信用等级的贷款客户发生违约的概率预测

二、存贷款预测

关于存贷款的规模和利率的预测结果可以用来估算银行未来的息差。存贷款的特点是期限越短,相应的期望利率越低。图10-2显示了在标准模型下市场存贷款总量的预测结果。

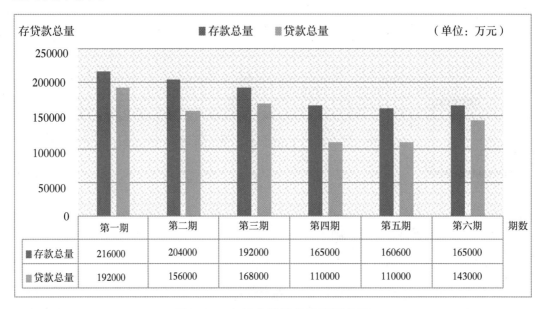

图 10-2　市场存贷款总量预测结果

标准模型下利率的变动和每年存贷款单数的预测结果如表10-1和表10-2所示。存贷款单数可以作为各团队开设分行的决策依据。市场存贷款总量和存贷款利率可以作为各团队制定预算的依据。

表 10-1　存贷款利率预测结果

	第1期	第2期	第3期	第4期	第5期	第6期
零售存款平均利率	6%	6%	6%	7%	6%	5%
对公存款平均利率	5%	5%	5%	6%	5%	4%
贷款平均利率	14%	14%	12%	16%	15%	14%

表 10-2　存贷款单数预测结果

	第1期	第2期	第3期	第4期	第5期	第6期
A区域存贷款单数/单	16	15	16	12	10	14
B区域存贷款单数/单	4	6	6	7	8	6
C区域存贷款单数/单	4	3	4	3	4	4

第二节 商业银行建设规则

一、初始资本金

资本是商业银行开始营业的本钱和铺底资金，是投资者为赚取利润而投入商业银行的货币和保留在银行中的收益。在商业银行的各种资金来源中，资本是银行可独立运用的最可靠、最稳定的资金来源，是商业银行开展经营的基础。在模拟银行创设时，初始资本金的具体数值可由教师在开课前决定。

二、机构建设

在银行经营的第一期，所有小组只能在A区域设立总行。总行设立后，各小组应决定是以购买的方式还是以租赁的方式在A区域组建分行。在第一期，每组只能在A区域开设1个分行，不能在B区域和C区域开设分行。从第二期开始，每组都可以在A、B、C区域开设分行，在哪个区域开设分行以及开设分行的进度由小组自行决定。各区域可以容纳的分行数量由教师在系统中给定，例如，教师可以设置表10-3所示的情形，以不同方式组建分行的费用如表10-4所示，其中以购买方式组建的分行可按折旧后价值出售。

表10-3 各区域可以容纳的分行数量

区域	可设立分行数/个
A	2
B	1
C	1

备注：在B区域和C区域设立分行只能从第二期开始。

表 10-4 总行和分行机构组建费用 （单位：万元）

机构建设	总行购买费用	分行购买费用	分行租赁费用
A 区域	600	200	100
B 区域		200	100
C 区域		200	100

三、渠道建设

银行可选择的业务渠道有柜台渠道、网络渠道、移动渠道三种。不同渠道的建设周期和建设费用有所不同，具体如表 10-5 所示。渠道建设按周期投入，不允许一次性开发，但开发过程可以中断。

表 10-5 渠道建设周期和费用 （单位：万元）

渠道	每期建设费用	建设周期
柜台渠道	无	无
网络渠道	100	一期
移动渠道	100	二期

第三节 业务规则

一、存款业务规则

（一）存款获取规则

（1）各小组按当期存款总营销费用由高到低排列，存款营销费用较高的组可以优先吸收存款。

(2) 当小组投放的存款营销费用相同时，先提交营销费用的小组可以优先吸收存款。

(3) 各小组吸收存款时，可选择吸收浮动利率存款或固定利率存款。

（二）存款准备金缴纳规则

(1) 存款准备金从吸收的存款中提取。

(2) 存款准备金提取金额为存款总量的10%，按整千向上取整。例如，1亿5千万存款总额的情况下，应计提2000万存款准备金。

(3) 存款准备金的利率为0%。

二、不良资产处置规则

（一）不良资产清收[①]

不良资产按照贷款类型分为抵押贷款、保证贷款、信用贷款三种。

(1) 抵押贷款。处置周期为三期，剩余价值以抵押品金额为基础计算。

(2) 保证贷款。处置周期为两期，剩余价值以保证金额为基础计算。

(3) 信用贷款。处置周期为一期，剩余价值按照贷款价值和信用评级决定。

信用评级与不良贷款收回率见表10-6

表10-6 信用评级与不良贷款收回率（7级）

信用评级	AAA	AA	A	BBB	BB	B	C
不良贷款收回率	80%	75%	70%	65%	60%	55%	50%

（二）不良资产变卖

不良资产在变卖后将于当期收回资金，变卖所得金额如表10-7所示。

表10-7 不良资产变卖所得金额

贷款类型	不良资产变卖所得金额
抵押贷款	抵押金额×70%
保证贷款	保证金额×80%
信用贷款	信用金额×90%

---

① 现实中的不良贷款清收，只清收不良贷款中的损失类贷款。由于模拟盘没有细分次级贷款、可疑贷款和损失贷款，所以不良贷款清收采取的是统一清收。

三、贷款业务规则

(一) 贷款获取规则

(1) 各小组按当期贷款总营销费用由高到低排列,贷款营销费用较高的组可以优先发放贷款。

(2) 当小组投放的贷款营销费用相同时,先提交营销费用的小组可以优先发放贷款。

(3) 各小组发放贷款时,可选择发放浮动利率贷款或固定利率贷款。

(二) 贷款三级分类规则

(1) 贷款划分为三类:正常贷款、关注贷款、不良贷款。对贷款进行分类时只判断当期贷款,不溯及往期贷款。

(2) 每期的贷款分类标准会发生变动,在贷款业务抢单结束后随市场信息公开。

(3) 每期公布贷款分类标准后,各小组根据分类标准划分既有贷款的等级。例如,BBB级以下(包括BBB级)为关注贷款,BB级以下(包括BB级)为不良贷款。

(4) 小组根据贷款分类进行拨备。正常贷款和关注贷款按1‰计提拨备,拨备金额不低于100万元。

四、金融市场业务规则

(一) 同业拆借业务

同业拆借业务的期限为1期,资金价格由小组相互商定。通过同业拆借吸收的同业存款不计入存款总额,对存贷比没有影响。拆出资金的用途限于交足存款准备金、留足备付金和归还中国人民银行到期贷款之后的闲置资金。借入资金主要用于弥补票据结算、联行汇差头寸的不足和解决临时性周转资金需求,不能用于发放贷款。在模拟运营中,同业拆借可以用于支付利息、薪酬、所得税和营销费用等。

（二）投融资业务

投融资业务的期限均为2期。投融资收益率在到期后确定，如第1期投融资业务的收益将在第3期公布。投融资业务属于银行的中间业务，不动用自有资本，不占用存款。投融资业务会产生投融资风险，但对银行存贷款无任何影响。

（三）国债业务

国债业务的期限为3期。在模拟运营中，只能用吸收的存款来购买国债，不能用自有资本购买国债。国债的购买金额不能超过存款扣除存款准备金和发放贷款后的余额。国债利率以国债单上标识的收益率为准。国债可在持有期内交易。

第四节　计息规则

一、存款业务计息

（一）固定利率存款

固定利率存款按单利分期计息，一次性付息还本。存款利息收入损益按照权责发生制计算，存款利息收入现金流量按照收付实现制计算。

例如，某款固定利率存款存入金额为2000万元，期限为3期，利率为5%。其每期利息收入损益为支出100（2000×5%）万元，如表10-8所示。而在现金流量表中，其仅在第4期期初支出300（100×3）万元，如表10-9所示。

表10-8　存款利息收入损益表

利率属性	存款金额	期限	利率	第1期	第2期	第3期	第4期	第5期	第6期
固定	2000万元	3期	5%	100万元	100万元	100万元	—	—	—

表 10-9　存款利息收入现金流量表

利率属性	存款金额	期限	利率	第1期	第2期	第3期	第4期	第5期	第6期
固定	2000万元	3期	5%	0	0	0	300万元	—	—

（二）浮动利率存款

浮动利率存款按每期期初实际利率计算单利，分期付息。其利息收入损益和利息收入现金流量是同步的。

例如，某浮动利率存款存入金额2000万元，期限为3期，利率为5%。第1期利息支出为100（2000×5%）万元。若第2期期初市场利率上浮1%，则第2期利息支出为120（2000×6%）万元。若第3期期初市场利率继续上浮1%，则第3期利息支出为140（2000×7%）万元。具体如表10-10和表10-11所示。

表 10-10　存款利息收入损益表

利率属性	存款金额	期限	利率	第1期	第2期	第3期	第4期	第5期	第6期
浮动	2000万元	3期	5%	100万元	120万元	140万元	—	—	—

表 10-11　存款利息收入现金流表

利率属性	存款金额	期限	利率	第1期	第2期	第3期	第4期	第5期	第6期
浮动	2000万元	3期	5%	—	100万元	120万元	140万元	—	—

注：每期利率发生浮动时，当期获取的浮动利率存款，当期利息不变；往期获取的浮动利率存款，剩余期限利息按浮动后利率计息。

二、贷款业务计息

（一）固定利率贷款

固定利率贷款按单利计息，分期收息，一次性还本。

例如，某固定利率贷款发放金额为2000万元，期限为3期，利率为10%，则每期利息收入为200（2000×10%）万元，总利息收入为600（200×3）万元。当期贷款利息在下一期期初收取。

（二）浮动利率贷款

浮动利率贷款按每期期初实际利率计算单利，分期收息，一次性还本。

例如，某浮动利率贷款发放金额为2000万元，期限为2期，利率为10%，则第1期利息收入为200（2000×10%）万元。若第2期期初市场利率上浮1%，则第2期利息收入为220（2000×11%）万元。

每期利率发生浮动时，当期获取的浮动利率贷款，当期利息不变；往期获取的浮动利率贷款，剩余期限利息按浮动后利率计息。

三、金融市场业务计息

（一）同业业务

同业业务的计息方式由小组双方商议决定，当期支付利息。

（二）国债业务

国债业务按单利计息，分期付息。

（三）投融资业务

投融资业务按到期时公布的投资收益率计算利息，一次性付息。

例如，某投融资业务合同金额为2000万元，期限为2期，到期收益率为6%，则到期（第3期期初）现金收益为240（2000×6%×2）万元。

第五节　财务管理和监管规则

一、财务管理规则

（一）存款营销预算费用

（1）存款营销预算费用由预计吸收存款总量和存款业务类型确定。

(2) 不同存款业务类型最低营销费用不同，对公存款的营销费用为存款金额的4%，零售存款的营销费用为存款金额的2%。

(3) 计算超额预算费用时，按正常预算金额计算标准的两倍计算。

(4) 存款营销费用最小变动单位为10万元。

（二）贷款营销预算费用

(1) 贷款营销预算费用由预计发放贷款总量确定。

(2) 最低贷款营销费用为发放贷款总量的1%。

(3) 贷款营销费用最小变动单位为10万元。

（三）运营管理费

(1) 运营管理费在每一期期末进行支付。

(2) 每个总行每期的运营管理费为200万元，每个分行每期的运营管理费为50万元。

（四）机构薪酬

(1) 机构薪酬在每一期期末进行支付。

(2) 每个总行每期的薪酬为100万元，每个分行每期的薪酬为20万元。

（五）固定资产折旧

(1) 固定资产在购买后当期开始计提折旧。

(2) 固定资产采用平均折旧法，折旧期限为10期。

（六）所得税

每期期末，按当期利润（弥补前五年亏损后净利润）的25%向上取整，例如当期利润为150万元，则所得税为38万元。所计提的所得税，在下一期期初交纳。

二、监管规则

（一）资本充足率

资本充足率为银行所有者权益与风险加权资产的比率。在模拟运营中，资本充足率不能低于10%。

(二) 存贷比

存贷比为贷款总额与存款总额的比率。在模拟运营中，存贷比不能高于100%。

(三) 拨备覆盖率

拨备覆盖率为贷款减值准备与不良贷款金额的比率。在模拟运营中，拨备覆盖率至少要达到100%，但是拨备计提数不得高于上一期所有者权益的50%。

(四) 破产规则

(1) 当银行现金流断裂或所有者权益为负时，即宣告破产。
(2) 小组在银行破产后可向教师寻求注资继续经营。

三、评分规则

(一) 正向指标

(1) 效益管理类指标（累计净利润、经济附加值等），按累计净利润减去风险成本后从高到低排序，并给出标准分。
(2) 可持续发展与竞争能力指标（市场拓展广度、资产规模等），按存贷款、国债、同业业务的规模以及渠道数量从高到低排序，给出标准分。

(二) 逆向指标

(1) 风险管控类指标（不良贷款率、风险加权资产等）方面，出现一次不良贷款，扣5分。
(2) 监管类指标（资本充足率、存贷比、拨备覆盖率）方面，资本充足率不满足监管要求，一次扣20分。
(3) 每破产一次，降一级。

第十一章 商业银行运营沙盘操作指导

第一节 实验准备

一、运行环境

（一）硬件

1. 前台

每小组配备多点触控一体机平台。

2. 数据库服务器

要求使用高级专业服务器，4GB以上内存，120GB以上硬盘，800像素×600像素以上彩色显示器。

（二）软件

1. 前台

操作系统为简体中文Windows 7以上版本，分辨率为1920像素×1080像素以上，色深为32位色以上。

2. 数据库服务器

操作系统为简体中文Windows 2012 Server以上版本，采用SQL Server 2012以上数据库版本。

二、创建团队

在奕·金融多点触控虚拟仿真平台管理端新建班级并导入学生后，须根据团队数量新建课堂，如图11-1所示。每一个团队将分配相应的机构号。

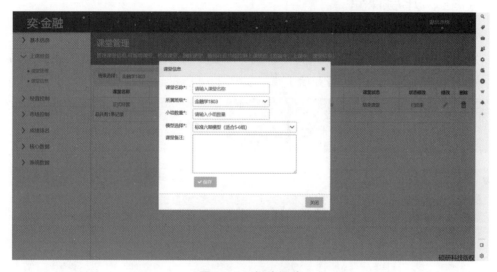

图11-1 新建课堂

行长登录机构后，进行角色分配，如图11-2所示。当所有角色分配完整，即可等待教师开启课堂。

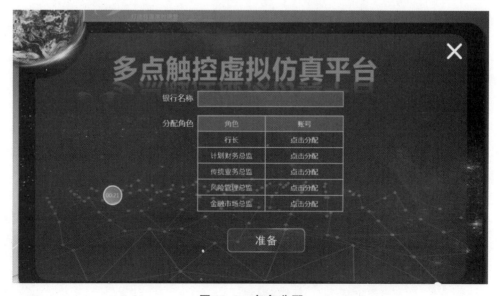

图11-2 角色分配

二维码资源 11-1：创建团队。

三、开启课堂

全部团队创建完成后，可在奕·金融多点触控虚拟仿真平台管理端看到课堂信息，如图 11-3 所示。此时即可开始上课，如图 11-4 所示。

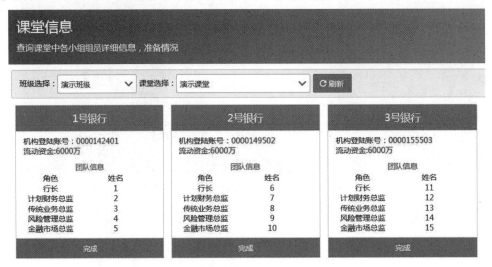

图 11-3　课堂信息

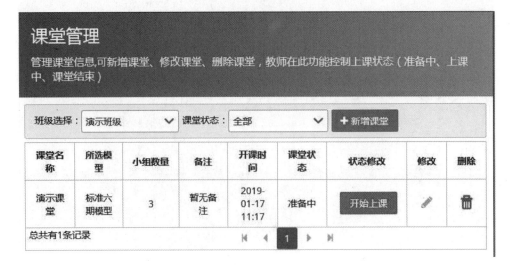

图 11-4　开始上课

第二节 实验操作

一、沙盘盘面操作

进入平台后即显示商业银行运营沙盘盘面,如图 11-5 所示。平台采用多点触控技术,不同岗位的学生可以同时点击操作。沙盘盘面周边按照岗位设置了行长、财务总监、金融市场总监、传统业务部总监和风险管理部总监五大功能区。

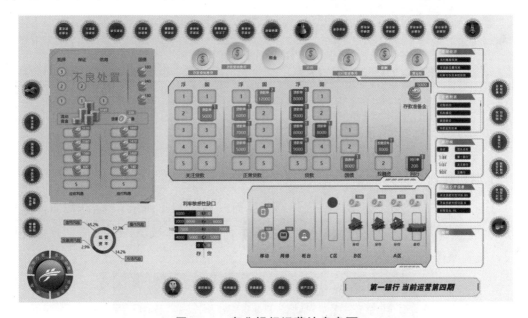

图 11-5 商业银行运营沙盘盘面

沙盘盘面左侧的不良贷款区将贷款分为抵押贷款、质押贷款、信用贷款三类。盘面数字表示剩余期限,当出现不良贷款时,该笔不良贷款会自动进入不良处置区。流动资金区域的金币会随着期限的滚动发生变化。在模拟运营中,只要进行业务操作,金额就会同步发生变化。监管资本区会自动统计当期的资本经营指标,并以饼图形式显示相关信息。

沙盘盘面上方为费用区。当完成任务列表中要求的业务操作时,会产生对应费用,系统将自动从流动资金区划拨金币。

沙盘盘面中间为业务区。贷款业务区域显示的是银行的关注类贷款和正常类贷款的数量和明细。存款业务区域则显示银行存款的数量和明细。金融市场业务区域相应显示银行的国债投资数量、投融资数量和同业拆借数量。

沙盘盘面右侧为宏观经济区，主要显示当前的宏观经济数据。系统整体任务流程在任务列表中显示，白色字体表示任务未执行，蓝色字体表示任务已执行。系统会对所有银行团队进行自动评分，分数排名将在排行榜中显示。市场公开信息中，会显示当前关注贷款和不良贷款对应的评级以及当前的市场利率变动情况。

沙盘盘面下方为机构建设区域。渠道建设区分为柜台建设区、网络建设区、移动建设区三种，其中柜台建设区分为A、B、C三个区。当在渠道建设过程中执行相关操作时，其所消耗的资金会从流动资金区域划拨，并同步显示在对应位置。

二维码资源11-2：认识商业银行运营沙盘盘面。

二、岗位功能区操作

（一）行长功能区

1.期初规划

点击【期初规划】，弹出期初规划操作界面（如图11-6所示）。团队按照沙盘规则和宏观市场信息，一同讨论和设计规划方案，在相关区域填入数据后，点击【保存】，完成该任务操作。

图11-6 期初规划操作界面

2.机构建设和渠道建设

点击【机构建设】，弹出机构建设操作界面（如图11-7所示）。团队根据沙盘规则和期初规划，在相关区域填入合适的数据后点击【保存】，完成该任务操作。

图11-7 机构建设界面

二维码资源11-3：机构建设操作方式。

3.规则

点击【规则】，弹出规则操作界面（如图11-8所示）。团队在操作业务时，可以通过该功能详细了解操作规则。点击蓝色框内不同按钮，可以切换不同类别的帮助信息。

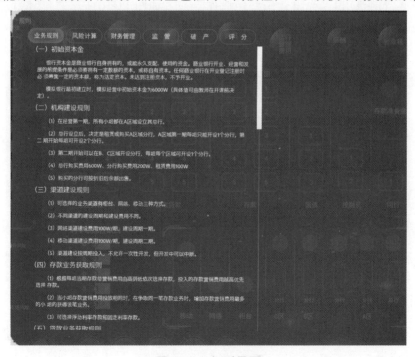

图11-8 规则界面

4.破产注资

当银行现金流断裂或所有者权益为负时,即宣告破产。此时必须点击【破产注资】,只有在完成再次注资时才可继续经营,如图11-9所示。系统会随时监测银行运营情况,当出现银行破产情形时,自动提示是否需要再次注资。

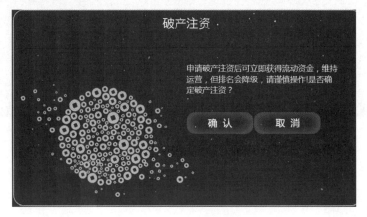

图11-9 破产注资界面

(二)传统业务部总监功能区

1.营销费用

点击【营销费用】,弹出营销费用操作界面(如图11-10所示)。团队根据沙盘规则和实际考量(考虑存贷款的金额、预期收益、抢单时的预估排名等),在相关区域填入合适的数据后点击【保存】,完成该任务操作。

图11-10 营销费用填写界面

奕·金融多点触控虚拟仿真平台管理端可以显示所有团队的营销费用投放情况,如图11-11所示。

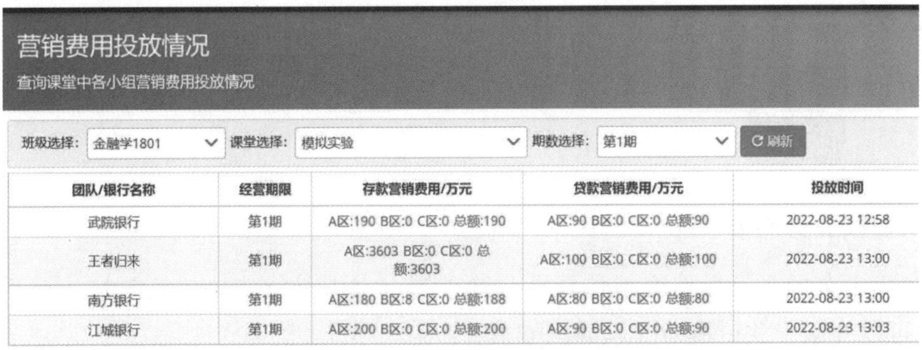

图 11-11 营销费用投放情况

2.存款业务抢单

在奕·金融多点触控虚拟仿真平台管理端，点击【存款抢单控制】—【开始抢单】，可以开启存款抢单环节，如图 11-12 所示。

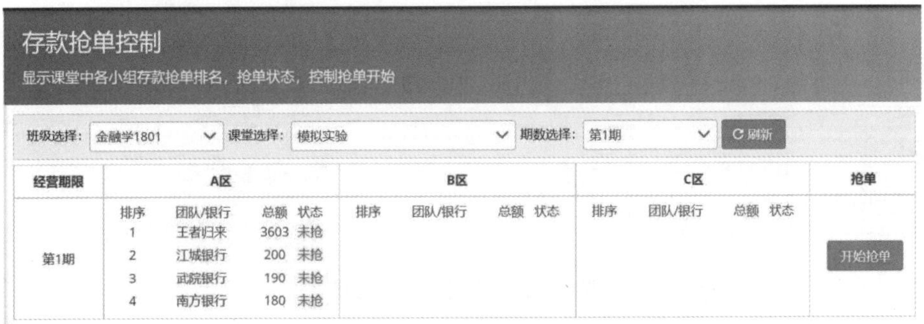

图 11-12 存款业务抢单

在沙盘平台点击【存款抢单】，弹出存款抢单操作界面。在抢单界面可看到各区抢单的排名信息，以及当前哪个组在抢单，哪个组在等待。轮到自己组抢单时，界面上会显示倒计时时钟，限时 30 秒。如果时间结束时，团队还没有做出选择，则表示自动放弃。团队也可以点击【放弃抢单】，表示放弃此次抢单机会，系统则会通知下一组开抢。团队在抢单时若选择好了合适的单据，应点击【提交抢单】完成该任务操作。

二维码资源 11-4：存款业务抢单操作。

3.上缴存款准备金

点击【上缴存款准备金】，弹出上缴存款准备金操作界面。团队根据沙盘规则和实际获得存款量，在相关区域填入合适的数据后点击【保存】，完成该任务操作。

二维码资源 11-5：存款准备金缴纳操作。

4. 贷款业务抢单

在奕·金融多点触控虚拟仿真平台管理端，点击【贷款抢单控制】—【开始抢单】，可以开启贷款抢单环节，如图 11-13 所示。

图 11-13　贷款业务抢单

在沙盘平台点击"贷款抢单"，弹出贷款抢单操作界面。在抢单界面可以看到各区抢单排名信息，以及当前哪个组正在抢单，哪个组正在等待（此处显示界面与存款抢单界面类似）。轮到自己组抢单时，界面会显示倒计时时钟，限时 40 秒。如果时间结束时，团队还没有做出选择，则表示自动放弃。团队也可以点击【放弃抢单】，表示放弃此次抢单机会，系统则会通知下一组开抢。若团队在抢单过程中选择好了合适的单据，应点击【提交抢单】完成该任务操作。

二维码资源 11-6：贷款业务抢单操作。

5. 贷款分类

点击【贷款分类】，弹出贷款分类操作界面（如图 11-14 所示）。团队根据贷款三级分类规则和当期获取贷款单及市场公开信息综合判断，在相关区域填入合适的数据后点击【保存】，完成该任务操作。

图 11-14　贷款分类操作界面

6. 贷款减值准备

点击【贷款减值准备】，弹出贷款减值准备操作界面。团队根据当前盘面非不良贷款总额的1%计算拨备金额，并在相关区域填入合适的数据后点击【保存】，完成该任务操作。

如果累计已缴纳的拨备金额大于实际应计提的拨备金额，则将拨备金额减去上一期资产负债表中贷款减值准备，求得拨备回收金额，并在相关区域填入合适的数据。

7. 存款利息支出损益表和现金流量表

点击【存款利息支出】，弹出存款利息支出操作界面（如图11-15所示）。团队根据计息规则和实际获取存单情况，在相关区域填入合适的数据后点击【保存】，完成该任务操作。团队在填写相关数据时，可以在存款利息支出损益表和存款利息支出现金流量表之间进行切换。

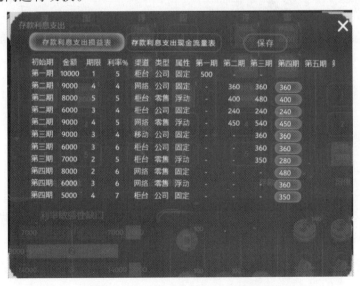

图 11-15　存款利息支出填写界面

8.贷款利息收入损益表和现金流量表

点击【贷款利息收入】,弹出贷款利息收入操作界面。团队根据计息规则和实际获取贷款单情况,在相关区域填入合适的数据后点击【保存】,完成该任务操作。团队在填写相关数据时,可以在存款利息收入损益表和存款利息收入现金流量表之间进行切换。

二维码资源11-7:存款和贷款业务计息操作。

9.不良贷款处置

点击【不良贷款处置】,弹出不良贷款处置操作界面(如图11-16所示)。团队根据不良资产处置规则和当期获取不良贷款单情况,选择合适的处置方式后点击【保存】,完成该任务操作。若学生不操作此任务,系统将自动更正时,以"变卖"方式进行处置。

图片11-16 不良贷款处置界面

(三)金融市场总监功能区

1.投融资业务获取

点击【投融资业务交易】,弹出投融资业务交易操作界面(如图11-17所示)。界面显示有六类投融资业务,分别是债券承销、并购重组、财务顾问、结构化融资、资产管理和股权直接投资。团队根据实际经营需求,选择合适的单据后点击【保存】,完成该任务操作。

2.投融资业务收益

点击【投融资业务收益】,弹出投融资业务收益操作界面。团队根据投融资业务计息规则和实际获取单据情况,在相关区域填入合适的数据后点击【保存】,完成该任务操作。

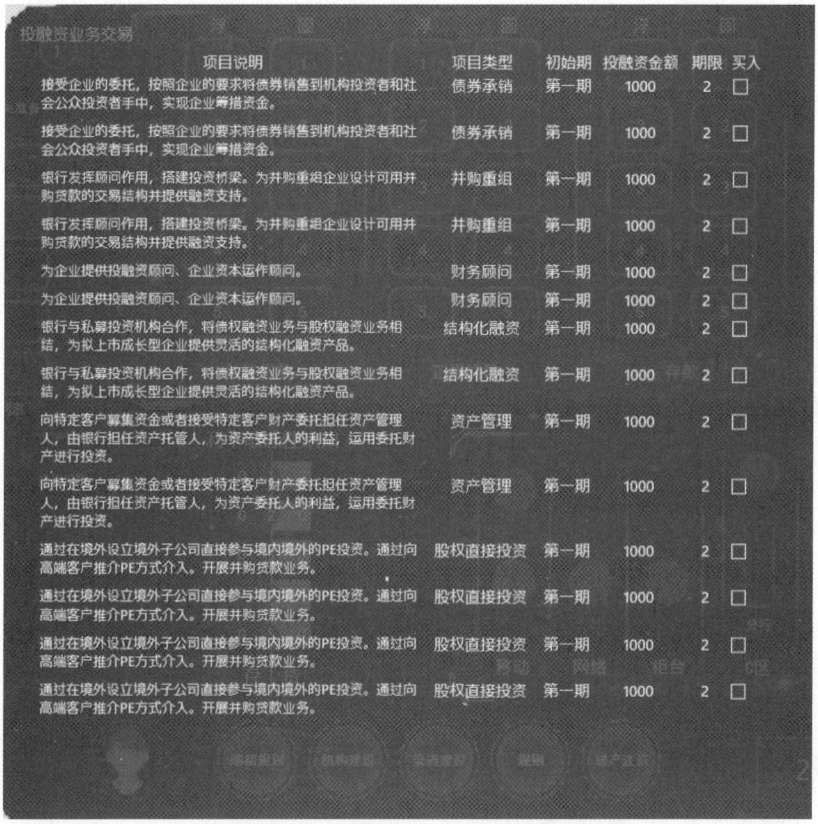

投融资业务交易

项目说明	项目类型	初始期	投融资金额	期限	买入
接受企业的委托，按照企业的要求将债券销售到机构投资者和社会公众投资者手中，实现企业筹措资金。	债券承销	第一期	1000	2	☐
接受企业的委托，按照企业的要求将债券销售到机构投资者和社会公众投资者手中，实现企业筹措资金。	债券承销	第一期	1000	2	☐
银行发挥顾问作用，搭建投资桥梁。为并购重组企业设计可用并购贷款的交易结构并提供融资支持。	并购重组	第一期	1000	2	☐
银行发挥顾问作用，搭建投资桥梁。为并购重组企业设计可用并购贷款的交易结构并提供融资支持。	并购重组	第一期	1000	2	☐
为企业提供投融资顾问、企业资本运作顾问。	财务顾问	第一期	1000	2	☐
为企业提供投融资顾问、企业资本运作顾问。	财务顾问	第一期	1000	2	☐
银行与私募投资机构合作，将债权融资业务与股权融资业务相结，为拟上市成长型企业提供灵活的结构化融资产品。	结构化融资	第一期	1000	2	☐
银行与私募投资机构合作，将债权融资业务与股权融资业务相结，为拟上市成长型企业提供灵活的结构化融资产品。	结构化融资	第一期	1000	2	☐
向特定客户募集资金或者接受特定客户财产委托担任资产管理人，由银行担任资产托管人，为资产委托人的利益，运用委托财产进行投资。	资产管理	第一期	1000	2	☐
向特定客户募集资金或者接受特定客户财产委托担任资产管理人，由银行担任资产托管人，为资产委托人的利益，运用委托财产进行投资。	资产管理	第一期	1000	2	☐
通过在境外设立境外子公司直接参与境内境外的PE投资。通过向高端客户推介PE方式介入。开展并购贷款业务。	股权直接投资	第一期	1000	2	☐
通过在境外设立境外子公司直接参与境内境外的PE投资。通过向高端客户推介PE方式介入。开展并购贷款业务。	股权直接投资	第一期	1000	2	☐
通过在境外设立境外子公司直接参与境内境外的PE投资。通过向高端客户推介PE方式介入。开展并购贷款业务。	股权直接投资	第一期	1000	2	☐
通过在境外设立境外子公司直接参与境内境外的PE投资。通过向高端客户推介PE方式介入。开展并购贷款业务。	股权直接投资	第一期	1000	2	☐

图 11-17　投融资业务交易界面

3.国债业务获取和卖出

点击【国债业务交易】，弹出国债业务交易操作界面（如图11-18所示）。团队根据国债业务交易规则和实际经营需求，选择合适的单据后点击【保存】，完成该任务操作。

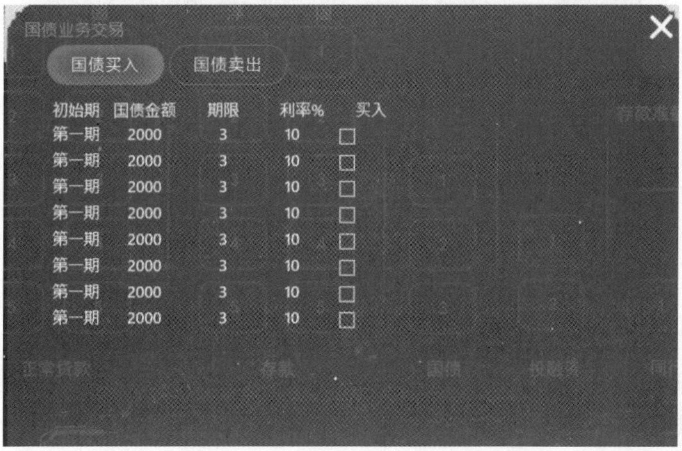

国债业务交易

国债买入　国债卖出

初始期	国债金额	期限	利率%	买入
第一期	2000	3	10	☐
第一期	2000	3	10	☐
第一期	2000	3	10	☐
第一期	2000	3	10	☐
第一期	2000	3	10	☐
第一期	2000	3	10	☐
第一期	2000	3	10	☐
第一期	2000	3	10	☐

图 11-18　国债业务交易界面

团队可选择卖出未到期的国债，此时应点击【国债卖出】选项卡并点击【保存】。卖出的国债金额可以用来发放贷款。

4.国债业务收益

点击【国债业务收益】，弹出国债业务收益操作界面（如图11-19所示）。团队根据国债业务计息规则和实际获取单据的情况，在相关区域填入合适的数据后点击【保存】，完成该任务操作。国债利率参照当期市场公布利率。如果卖出未到期的国债，后续期限则一律不再计息。

图11-19 国债业务收益界面

5.同业业务

点击【同业业务】，弹出同业业务操作界面（如图11-20所示）。当自己行需要借入资金时，可点击【我行发布】，向市场发布自身需要借款的信息。若点击【他行同业】，则将显示其他银行需要借款的金额、利率及相关信息，本行可选择其中合适的业务做交易。

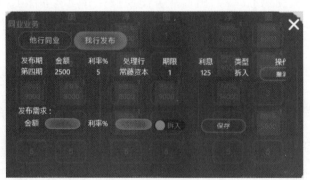

图11-20 同业业务操作界面

二维码资源11-8：金融市场业务操作。

（四）财务总监功能区

1.支付上一年税金

点击【支付上一年税金】，弹出税金操作界面（如图11-21所示）。团队根据沙盘规则和上一年是否产生税金，在相关区域填入合适的数据后点击【保存】，完成该任务操作。

图11-21 支付上一年税金界面

2.支付运营管理费

点击【支付运营管理费】，弹出运营管理费操作界面（如图11-22所示）。团队根据沙盘规则和实际建设机构数量，在相关区域填入合适的数据后点击【保存】，完成该任务操作。

图11-22 支付运营管理费界面

3.支付薪酬

点击【支付薪酬】，弹出支付薪酬操作界面（如图11-23所示）。团队根据沙盘规则和实际建设机构数量，在相关区域填入合适的数据后点击【保存】，完成该任务操作。

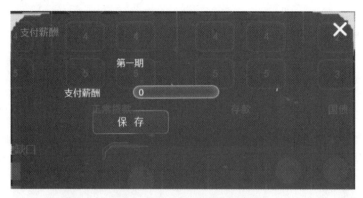

图 11-23 支付薪酬界面

4.固定资产折旧管理

点击【固定资产折旧】,弹出固定资产折旧操作界面(如图 11-24 所示)。团队根据沙盘规则和实际资产购买量,在相关区域填入合适的数据后点击【保存】,完成该任务操作。

图 11-24 固定资产折旧界面

5.编制财务报表

点击【编制财务报表】,弹出编制财务报表操作界面。财务报表包括现金流量表、利润表、资产负债表,可点击蓝色框切换报表进行数据录入。团队根据沙盘规则、会计准则公式和当前经营的盘面结果,在相关区域填入合适的数据后点击【保存】,完成该任务操作。

二维码资源 11-9:财务管理操作。

（五）风险管理总监功能区

1. 操作风险计量

点击【操作风险】，弹出操作风险操作界面（如图 11-25 所示）。团队根据操作风险加权资产计算规则和获取存款单情况，在相关区域填入合适的数据后点击【保存】，完成该任务操作。

此处的存量风险是之前获取而当前未到期存款的操作风险。假设当期获得一笔剩余期限为 3 年的存款，新增风险为该存款金额乘以相应的操作风险系数。对公业务、零售业务分开计算加总。操作风险总计是当期所有操作风险之和。

图 11-25　操作风险操作界面

2. 信用风险计量

点击【信用风险】，弹出信用风险操作界面（如图 11-26 所示）。团队根据信用风险加权资产计算规则和获取贷款单情况，在相关区域填入合适的数据后点击【保存】，完成该任务操作。

此处的存量风险是之前获取而当前未到期贷款的信用风险。新增风险是本期获得贷款产生的信用风险。风险总计为存量风险和新增风险之和。

图 11-26　信用风险操作界面

3.市场风险计量

点击【市场风险】,弹出市场风险操作界面(如图11-27所示)。团队根据市场风险加权资产计算规则和获取的浮动利率存款及贷款单情况,在相关区域填入合适的数据后点击【保存】,完成该任务操作。利率敏感性存款和利率敏感性贷款只计算浮动利率存贷款,固定利率存贷款不计。相关计算公式如下。

(1)利率敏感性缺口=|利率敏感性存款总额 - 利率敏感性贷款总额|。

(2)市场风险加权资产=利率敏感性缺口×市场风险系数。

市场风险总计是本期所有市场风险加权资产之和。

图11-27　市场风险操作界面

4.投融资风险计量

点击投【投融资风险】,弹出投融资风险操作界面。团队根据投融资业务风险加权资产计算规则和获取投融资单情况,在相关区域填入合适的数据后点击【保存】,完成该任务操作。

5.监管报表

点击【编制监管报表】,弹出编制监管报表操作界面。团队根据已计算出的操作风险、信用风险、市场风险和投融资风险,在相关区域填入合适的数据后点击【保存】,完成该任务操作。总风险值将由系统自动计算并显示。

二维码资源11-10:风险管理和监管报表实验操作。

第三节 实验结束

一、系统操作

(一) 我行运行

点击【我行运行】，弹出我行运行界面。界面左侧显示的是当前运营的相关指标数据，右侧显示的是三大财务报表及主要业务运营数据，可以为银行开展业务提供参考。

(二) 业务结算

点击【业务结算】，弹出业务结算界面，系统将自动检测所有角色是否完成应做的所有任务。若全部完成，则显示信息"您已完成业务结算操作！"；反之，则提示"有未完成的操作，请先完成！"。

团队若已完成业务结算操作，可点击【确认】，完成此次业务结算提交，且关闭当前界面。若点击【取消】，则不提交此次业务结算，且关闭当前界面。

(三) 提交运营

点击【财务结算】，系统将自动检测学生所做业务的错误信息，显示错误列表（如图11-28所示）。点击每条错误信息后的【购买】，系统会自动扣分并显示正确信息；也可以选择关闭提交运营界面，根据错误提示修改，这样系统不会扣分。

点击【提交运营】后，系统将不再提供更改机会。当期运营结束，弹出已完成运营的经营数据供学生参考，准备下期运营计划。

最后点击【退出系统】，关闭当前盘面，并退出系统。

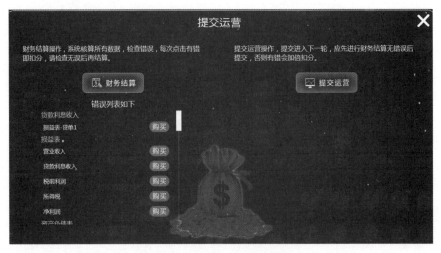

图 11-28 提交运营界面

二维码资源 11-11：业务结算和提交运营实验。

二、团队排名

每期运营结束后，可以在奕·金融多点触控虚拟仿真平台管理端查看各团队的运营得分与排名状况，图 11-29 是学生团队某次沙盘运营结束后的团队得分与排名情况。奕·金融多点触控虚拟仿真平台管理端还可以查看各岗位的排名情况，行长排名如图 11-30 所示，财务部排名如图 11-31 所示，风险管理部排名如图 11-32 所示，金融市场排名如图 11-33 所示，业务部排名如图 11-34 所示。

排名	团队名称	得分	行长姓名	资本成本	渠道数	风险总值列表	所有者权益	效益	期末存贷款国债总量	规模得分	风险	风险扣分	资本充足率违规次数	存贷比违规次数	监管扣分	填写扣分
1	武茂银行	86.727	雷鹏 韩松良	91.2	1	第一期:7600	5470	5378.8	17000	55.79	0	0	0	0	0	第一期:0.01
2	江城银行	84.857	罗凯迪	111.96	1	第一期:9330	5460	5348.04	17000	55.79	0	0	0	0	0	第一期:1.6
3	南方银行	82.35	袁烨 高江鹏	231.6	1	第一期:19300	5292	5060.4	17000	55.79	0	0	0	0	0	第一期:1.51
4	王者归来	60.549	胡兵 彭嘉俊	211.68	1	第一期:17640	2697	2485.32	19000	60	0	0	0	0	0	第一期:1.39

图 11-29 团队排名（示例）

行长排名

查询各班级课堂中行长排名情况

班级选择：金融学1801　课堂选择：模拟实验　期数选择：第1期　刷新

排名	团队名称	行长姓名	得分
1	武院银行	雷鹏 韩松良	86.727
2	江城银行	罗凯迪	84.857
3	南方银行	袁烨 高江鹤	82.35
4	王者归来	胡兵 彭嘉俊	60.549

图11-30　行长排名（示例）

财务部排名

查询各班级课堂中财务总监排名情况

班级选择：金融学1801　课堂选择：模拟实验　期数选择：第1期　刷新

排名	团队名称	财务总监姓名	提交报表时间	错误个数
1	武院银行	雷鹏 韩松良	2022-08-23 13:41	0
2	王者归来	胡兵 彭嘉俊	2022-08-23 13:39	37
3	南方银行	袁烨 高江鹤	2022-08-23 13:40	39
4	江城银行	罗凯迪	2022-08-23 13:40	39

图11-31　财务部排名（示例）

风险管理部排名

查询各班级课堂中风险管理总监排名情况

班级选择：金融学1801　课堂选择：模拟实验　期数选择：第1期　刷新

排名	团队名称	风险管理总监姓名	不良贷款次数	风险加权资产
1	武院银行	王欣宇 霍兆正	0	7600
2	江城银行	曹天奕 袁庆	0	9330
3	王者归来	周本胜	0	17640
4	南方银行	伍文龙	0	19300

图11-32　风险管理部排名（示例）

金融市场部排名

查询各班级课堂中金融市场总监排名情况

班级选择：金融学1801　课堂选择：模拟实验　期数选择：第1期　刷新

排名	团队名称	金融市场总监姓名	国债收益	投融资收益	汇总收益
1	王者归来	赵祥	0	0	0
2	南方银行	满正伟 鲁雨萱	0	0	0
3	江城银行	马雪 杨小峰	0	0	0
4	武院银行	陈俊瑶阳	0	0	0

图11-33　金融市场部排名（示例）

图11-34　业务部排名（示例）

第十二章 商业银行运营沙盘实验任务

第一节 商业银行运营沙盘实验课程

一、实验课程目标

商业银行运营沙盘实验课程是根据银行主要工作流程,结合关键部门岗位人才标准而设计的跨学科、跨专业课程。学生通过本课程的学习应达到以下目标。

(1) 站在基层管理人员的角度,认识到银行资本的稀缺性,懂得资本在整个金融体系以至商业体系中的重要作用和位置,增强对业务操作的策略思维能力。

(2) 站在中层管理人员的角度,了解银行整体运作流程,熟悉各部门的主要工作内容,了解部门决策对银行整体绩效产生的影响,培养全局观。

(3) 站在银行高层领导的角度,了解银行的整体运营情况,建立银行运营的战略视角,努力协调银行的资本管理、风险管理、资金管理、资产负债管理、绩效管理等各种管理活动。

(4) 掌握一定的金融数据分析与应用能力,提高团队协作意识,提升沟通能力和沟通技巧。

二、实验课程组织

商业银行运营沙盘将真实的商业银行微缩于沙盘之中,将商业银行的内外部环境抽象为一系列的经营规则，通过应用先进的商业银行经营理论来模拟商业银行的关键活动：银行战略规划、资本规划管理、风险管理、资产负债管理、营销管理、财务管理、资金市场交易和外部监管等。在银行运营沙盘中，共设立行长办公室、计划财务部、传统业务部、风险管理部、金融市场部等五个主要部门，每个小组成员将分别模拟担任商业银行的某一管理职位，如行长、计划财务部总监、公司业务部总监、风险管理部总监、金融市场部总监等，共同完成6~8个会计年度的银行经营活动。同时，组间还要在客户、市场、资源等方面开展一番真正的对抗与较量。

三、实验角色分配

在商业银行运营沙盘课程中，学生须以团队合作方式完成实验任务，每个团队至少由5位成员构成，其中行长1人、计划财务部总监1人、传统业务部总监1人、风险管理部总监1人、金融市场部总监1人、各部门骨干员工若干。每个部门人员在银行经营管理过程中承担着不同的职责，只有通过相互沟通配合才能共同实现经营目标。各角色的主要职责如下。

（1）行长的职责。负责带领团队确定银行使命，制定全行整体战略目标和年度规划目标，包括业务规模目标、渠道建设目标、盈利目标、风险控制目标等，使资本回报率最大化。

（2）计划财务部总监的职责。负责制定全行的资金计划，包括信贷资金计划、资金运营计划、现金计划、费用计划，统筹全行资金营运和利率风险管理，对全行资金头寸进行合理调度和管理。负责全行的财务管理工作，包括进行全行财务预算，如收入预算、成本预算、费用预算等，开展全行成本收入比的核算与控制，编制财务报表，负责资产负债管理等。

（3）传统业务部总监的职责。传统业务部门是商业银行主要的利润中心，要对全行利润指标负责。须根据外部环境预测，结合本行总体经营目标和实际情况，制定和实施存款、贷款业务条线发展计划；对客户进行分析，积极开拓市场，制定营销计划与营销方案；做好信贷业务审批工作和不良贷款的管理等。

（4）风险管理部总监的职责。负责全行风险管理工作，主要包括对信用风险、市场风险、操作风险、合规风险等各类风险的管理，如对全行贷款风险进行分类，制定不良贷款控制计划、风险资产计划和风险资本预算，编制风险管理报告等。

（5）金融市场部总监的职责。负责拟定资金营运计划、资金头寸预测与管理，使资金得到安全、有效的应用，从而增加银行利润；积极稳妥地开展银行间同业市场业务，包括资金的拆入与拆出；开展债券投资业务、票据贴现业务等。

第二节 实验任务

实验项目一 商业银行初期决策、预算实验

一、实验教学的目的

(1) 理解团队的内涵。
(2) 熟悉商业银行的组织结构、主要部门分工和主要岗位职责。
(3) 掌握各工作岗位绩效评价方法。
(4) 理解商业银行利润表、资产负债表、资金规划表。
(5) 能够完成简单的商业银行业务经营报告。

二、实验教学的基本要求

实验前做好准备,建立团队。实验过程中应遵守实验室的规章制度,以每个团队为单位研习相关规则和报表,以团队为单位完成模拟年的运营操作。项目完成后,按照实验报告模板的要求,及时提交实验报告。

三、实验内容及步骤

(1) 成立经营管理团队,按实验要求分配角色,明确不同角色的主要任务。学生按自愿原则划分为由4~6人组成的团队,每个团队独立经营一家商业银行。团队成员分别担任不同职位,如果学生人数较多,可增加财务助理和风险助理等角色。

(2) 设计团队名称、团队竞争口号、团队标识,填写《××银行团队分工》(见二维码资源12-1)。

(3) 行长带领团队成员上台介绍成员分工、团队名称、团队标识及其寓意。团队成员须一起大声喊出团队口号,鼓舞团队士气。团队之间根据展示情况进行互评打分，完成《团队展示结果评分表》见二维码资源12-1）。

（4）团队成员按沙盘中设计的角色位置入座。

（5）团队成员学习每个岗位的绩效评价方法。

（6）团队成员根据模拟经营环境制定资金运营计划。

（7）团队成员根据业务规则开展存贷款业务、票据业务、投融资业务和中间业务。

（8）团队成员分析金融市场运行环境对银行经营绩效的影响。

（9）运营策略由行长和其他行员共同制定，并由行长负责调控。团队共同制定每期拓展计划、渠道建设计划、存贷款营销费用计划、风险控制计划、各监管指标控制计划等。

（10）团队根据商业银行运营任务完成模拟年运营。

（11）团队成员通过模拟年的运营初步了解金融沙盘规则。

二维码12-1　实验记录模板

实验项目二　商业银行运营实验

一、实验教学的目的

（1）学会分析商业银行存款总量、存款利率属性及存款结构。

（2）学会分析商业银行贷款总量、贷款利率属性及贷款结构。

（3）了解控制商业银行不良贷款比例的途径。

（4）了解对不良贷款进行处置的基本方法。

（5）理解商业银行各金融市场业务。

（6）掌握同业业务资金来源与用途。

（7）了解银行市场风险、操作风险和信用风险。

（8）理解并计算商业银行监管指标。

（9）观察商业银行经营风险，并给出控制和整改意见表。

（10）熟悉不良贷款评价指标和风险准备金的评判与计提标准，并进行相关计算。

(11) 通过具体的业务操作，培养认真细致、迅速、准确处理银行业务的职业素养；通过对风险的管理，培养金融风险意识。

二、实验教学的基本要求

实验前熟悉金融沙盘规则，充分了解该实验项目的目的和要求；实验过程中应遵守实验室的规章制度，以团队为单位完成第一到六期的商业银行经营操作，并总结经验教训。实验完成后，完整填写并编制各类报表，并且按照实验报告模板的要求，及时提交实验报告。

三、实验内容及步骤

(1) 每个团队做出机构开设和渠道建设决策。
(2) 制定资金运营计划，计算本年信贷额度，完成第一到六期《银行重要决策》（见本书附录1）。
(3) 获取存款并缴纳存款准备金，填写机构建设登记表、存款业务信息登记表。
(4) 判断市场流动性大小，计算资金成本，确定贷款选择，填写贷款业务信息登记表。
(5) 进行贷后跟踪与评级。
(6) 计算存款利息，填写存款利息损益表、存款利息现金流表。
(7) 计算贷款利息，填写贷款利息损益表、贷款利息现金流表。
(8) 根据市场状态确定票据业务量，填写国债登记表，记录国债的交易过程。
(9) 根据市场状态和银行风险承受程度确定投融资业务量，填写投融资收益表。
(10) 根据银行内外部状况确定同业业务量，填写同业拆借记录表。
(11) 识别操作风险来源，计量操作风险，提出防控方案，填写操作风险计量表。
(12) 识别市场风险来源，计量市场风险，提出防控方案，填写市场风险计量表。
(13) 根据企业评级状况，按五级分类标准判定所有贷款的等级，判定不良贷款产生的原因，并制定有针对性的处理措施。
(14) 每一会计年度计提风险损失准备金。
(15) 计量信用风险，提出防控方案，填写信用风险计量表。

（16）根据每一期的运营情况编制现金流量表、利润表、资产负债表。

（17）依据提交的年度资料（如各行的资本金充足率、不良贷款总量、不良贷款率、拨备覆盖率等）填写监管报表，指出对银行的评级依据以及相应监管手段。

（18）检查商业银行是否有违规记录并提出相应的整改意见。

（19）每个会计期都检查商业银行的存贷比、资本金充足率。

（20）每个会计期都检查商业银行的不良贷款比率、拨备覆盖率与风险准备金计提情况。

（21）完成第1—6期经营。第三期实验结束后，团队做期中经验分享。

实验项目三　商业银行会计与报表业务实验

一、实验教学的目的

（1）知道如何通过会计核算业务管理商业银行的存贷款业务、中间业务及金融市场业务。

（2）学会分析资产负债表、利润表和现金流量表。

（3）通过对财务的核算，培养精益求精的职业素养和工匠精神。

（4）展示团队学习的成果与魅力，培养团队协作精神。

二、实验教学的基本要求

实验过程中应遵守实验室的规章制度，能在完成各类报表编制的基础上对财务数据进行整理分析；理解商业银行"三性"的经营原则；依据评价规则给各组进行排名，总结经验教训并展示团队成果；按照实验报告模板的要求，及时提交实验报告。

三、实验内容及步骤

（1）对存贷款业务、中间业务及金融市场业务进行会计核算。

（2）会计总监完整检查现金流量表、利润表、资产负债表。

（3）根据会计报表，总结经营结果，评估经营绩效。

（4）对六期的经营模拟进行总结，包括银行经营管理战略分析、经济环境分析、整体经营分析、团队协作分析等。其中，整体经营分析可以包括核心业务分析、金融业务分析、财务指标分析、风险分析、绩效分析和监管分析等。

二维码12-2　银行团队案例

附录一
APPENDIX 1

实验操作报表

银行第一期重要决策

一、机构建设
　　异地分行开设在区域：_____
　　分行办公大楼采用（租赁/购买）方式：_____
　　渠道建设：开通渠道，上交渠道建设费：_____

二、存款业务
　　预期吸收存款总额：_____
　　存款准备金：_____
　　营销费用预算额：_____

三、贷款业务
　　贷款营销费用：_____
　　预期投放贷款总额：_____
　　贷款余额：_____
　　贷款损失比例：_____
　　拨备总额：_____

四、金融市场业务
　　债券交易总额：_____
　　投融资交易总额：_____

五、银行风险合规管理
　　信用风险预期风险加权资产总额：_____
　　操作风险预期风险加权资产总额：_____
　　市场风险预期风险加权资产总额：_____
　　投融资业务预期风险加权资产总额：_____
　　预计资本充足率：_____

六、现金流预算
　　预期现金流入总计：_____
　　预期现金流出总计：_____
　　预期现金余额总计：_____

银行第二期重要决策

一、机构建设

  异地分行开设在区域：_____

  分行办公大楼采用（租赁/购买）方式：_____

  渠道建设：开通渠道，上交渠道建设费：_____

二、存款业务

  预期吸收存款总额：_____

  存款准备金：_____

  营销费用预算额：_____

三、贷款业务

  贷款营销费用：_____

  预期投放贷款总额：_____

  贷款余额：_____

  贷款损失比例：_____

  拨备总额：_____

四、金融市场业务

  债券交易总额：_____

  投融资交易总额：_____

五、银行风险合规管理

  信用风险预期风险加权资产总额：_____

  操作风险预期风险加权资产总额：_____

  市场风险预期风险加权资产总额：_____

  投融资业务预期风险加权资产总额：_____

  预计资本充足率：_____

六、现金流预算

  预期现金流入总计：_____

  预期现金流出总计：_____

  预期现金余额总计：_____

银行第三期重要决策

一、机构建设
　　异地分行开设在区域：_____
　　分行办公大楼采用（租赁/购买）方式：_____
　　渠道建设：开通渠道，上交渠道建设费：_____

二、存款业务
　　预期吸收存款总额：_____
　　存款准备金：_____
　　营销费用预算额：_____

三、贷款业务
　　贷款营销费用：_____
　　预期投放贷款总额：_____
　　贷款余额：_____
　　贷款损失比例：_____
　　拨备总额：_____

四、金融市场业务
　　债券交易总额：_____
　　投融资交易总额：_____

五、银行风险合规管理
　　信用风险预期风险加权资产总额：_____
　　操作风险预期风险加权资产总额：_____
　　市场风险预期风险加权资产总额：_____
　　投融资业务预期风险加权资产总额：_____
　　预计资本充足率：_____

六、现金流预算
　　预期现金流入总计：_____
　　预期现金流出总计：_____
　　预期现金余额总计：_____

银行第四期重要决策

一、机构建设
  异地分行开设在区域：_____
  分行办公大楼采用（租赁/购买）方式：_____
  渠道建设：开通渠道，上交渠道建设费：_____

二、存款业务
  预期吸收存款总额：_____
  存款准备金：_____
  营销费用预算额：_____

三、贷款业务
  贷款营销费用：_____
  预期投放贷款总额：_____
  贷款余额：_____
  贷款损失比例：_____
  拨备总额：_____

四、金融市场业务
  债券交易总额：_____
  投融资交易总额：_____

五、银行风险合规管理
  信用风险预期风险加权资产总额：_____
  操作风险预期风险加权资产总额：_____
  市场风险预期风险加权资产总额：_____
  投融资业务预期风险加权资产总额：_____
  预计资本充足率：_____

六、现金流预算
  预期现金流入总计：_____
  预期现金流出总计：_____
  预期现金余额总计：_____

银行第五期重要决策

一、机构建设
　　异地分行开设在区域：_____
　　分行办公大楼采用（租赁/购买）方式：_____
　　渠道建设：开通渠道，上交渠道建设费：_____

二、存款业务
　　预期吸收存款总额：_____
　　存款准备金：_____
　　营销费用预算额：_____

三、贷款业务
　　贷款营销费用：_____
　　预期投放贷款总额：_____
　　贷款余额：_____
　　贷款损失比例：_____
　　拨备总额：_____

四、金融市场业务
　　债券交易总额：_____
　　投融资交易总额：_____

五、银行风险合规管理
　　信用风险预期风险加权资产总额：_____
　　操作风险预期风险加权资产总额：_____
　　市场风险预期风险加权资产总额：_____
　　投融资业务预期风险加权资产总额：_____
　　预计资本充足率：_____

六、现金流预算
　　预期现金流入总计：_____
　　预期现金流出总计：_____
　　预期现金余额总计：_____

银行第六期重要决策

一、机构建设

　　异地分行开设在区域：_____

　　分行办公大楼采用（租赁/购买）方式：_____

　　渠道建设：开通渠道，上交渠道建设费：_____

二、存款业务

　　预期吸收存款总额：_____

　　存款准备金：_____

　　营销费用预算额：_____

三、贷款业务

　　贷款营销费用：_____

　　预期投放贷款总额：_____

　　贷款余额：_____

　　贷款损失比例：_____

　　拨备总额：_____

四、金融市场业务

　　债券交易总额：_____

　　投融资交易总额：_____

五、银行风险合规管理

　　信用风险预期风险加权资产总额：_____

　　操作风险预期风险加权资产总额：_____

　　市场风险预期风险加权资产总额：_____

　　投融资业务预期风险加权资产总额：_____

　　预计资本充足率：_____

六、现金流预算

　　预期现金流入总计：_____

　　预期现金流出总计：_____

　　预期现金余额总计：_____

附录表1　登记表

(1) 机构建设登记表

期数	A区	B区	C区
一			
二			
三			
四			
五			
六			

(2) 营销费用登记表

期数	存款营销费用	贷款营销费用
一		
二		
三		
四		
五		
六		

(3) 市场信息登记表

期数	利率变化	国债利率	投融资利率
一			
二			
三			
四			
五			
六			

附录表2　存款业务信息登记表

期数	存款金额	期限	存款利率	业务渠道	业务类型	利率属性
第一期						
第二期						
第三期						
第四期						
第五期						
第六期						

附录表3 贷款业务信息登记表

期数	贷款金额	期限	贷款利率	贷款类型	信用评级	抵押担保金额	利率属性	五级分类	不良处置
第一期									
第二期									
第三期									
第四期									
第五期									
第六期									

附录表4　国债登记表

国债购买记录

期数	国债金额	期限	收益率	1期	2期	3期	4期	5期	6期	7期
第一期		3		■				■	■	■
第二期		3		■	■				■	■
第三期		3		■	■	■				■
第四期		3		■	■	■	■			
第五期		3		■	■	■	■	■		
第六期		3		■	■	■	■	■	■	

国债交易记录表

期数	国债金额	剩余期限	收益率	1期	2期	3期	4期	5期	6期	7期	买入/卖出

附录表5 同业拆借记录表

			拆入		
拆入金额	期限	拆入利率	拆出行	期数	同业利息支出
	1				
	1				
	1				
	1				
	1				
	1				
	1				
	1				
	1				
	1				

			拆出		
拆出金额	期限	拆出利率	拆入行	期数	同业利息收入
	1				
	1				
	1				
	1				
	1				
	1				
	1				
	1				
	1				
	1				

附录表6 现金流量表

科目名称	第1期	第2期	第3期	第4期	第5期	第6期
期初余额						
流入现金						
筹资产生的现金流入						
新吸收存款						
回收到期贷款						
回收存款准备金						
同业拆入						
回收到期拆出同业						
贷款利息收入						
回收到期国债本金						
国债收益						
投融资收益						
不良资产清收收入						
不良资产变卖收入						
同业利息收入						
其它						
流出现金						
新发放贷款						
支付到期存款						
缴纳存款准备金						
同业拆出						
支付到期拆入同业						
购买国债						
同业利息支出						
存款利息支出						
存款营销费用						
贷款营销费用						
机构购买费用						

续表

科目名称	第1期	第2期	第3期	第4期	第5期	第6期
渠道建设费用						
机构管理费用						
机构租赁费用						
机构员工薪酬						
所得税						
其他						
期末余额						

现金流量表填表说明

期初余额	
现金流入	
筹资产生的现金流入	
新增存款	当期新增存款金额
回收到期贷款	当期到期存款金额
回收存款准备金	"缴纳存款准备金"为负数时，记其绝对值
同业拆入	当期本行同业拆入金额
回收到期拆出同业	当期同业回收金额
贷款利息收入	当期贷款利息收入（＝上期损益表1.1）
回收到期国债本金	当期卖出国债（包括到期国债和未到期国债卖出）
国债收益	当期实际到账国债利息金额
投融资收益	当期实际到账投融资收益金额
不良资产清收收入	当期实际到账清收收入
不良资产变卖收入	当期实际到账变卖收入
同业利息收入	当期同业利息收入
其他	
现金流出	
新增贷款	当期新发放贷款
支付到期存款	当期到期存款金额
缴纳存款准备金	总存款缴纳应交准备金－往期已缴准备金，即新增加

续表

同业拆出	当期同业拆出金额
支付到期拆入同业	当期本行同业还款金额
购买国债	当期新增国债金额
同业利息支出	当期实际支付同业利息
存款利息支出	当期实际支付存款利息
存款营销费用	当期存款营销费用
贷款营销费用	当期贷款营销费用
机构购买费用	当期机构购买费用
渠道建设费用	当期渠道建设费用
机构管理费用	当期机构管理费用
机构租赁费用	当期机构租赁费用
机构员工薪酬	当期机构员工薪酬
所得税	当期支付税款（＝上期损益表"所得税"）
其他	
期末余额	

附录表7 损益表

科目名称	第1期	第2期	第3期	第4期	第5期	第6期
一、营业收入						
贷款利息收入						
国债收益						
投资收益						
不良资产清收收入						
不良资产变卖收入						
营业外收入						
同业利息收入						
其他						
二、营业支出						
存款利息支出						
营销费用						

续表

科目名称	第1期	第2期	第3期	第4期	第5期	第6期
机构租赁费用						
渠道建设费用						
机构管理费用						
机构员工薪酬						
贷款减值损失						
同业利息支出						
折旧						
其他						
三、税前利润						
减：所得税						
四、净利润						

注：贷款减值损失记一般拨备和贷款损失；营业外收入记期初一般拨备拨回。

损益表填表说明

一、营业收入	
贷款利息收入	当期全部未到期贷款应收利息之和
国债收益	当期全部未到期国债应收利息之和
投资收益	到期投融资收益金额
不良资产清收收入	当期不良资产清收
不良资产变卖收入	当期不良资产变卖收入
营业外收入	除贷款、国债、投融资、不良资产处置收入外的其他营业收入
同业利息收入	当期同业拆出利息收入
其他业务收入	
二、营业支出	
存款利息支出	当期全部未到期存款应支付利息之和
营销费用	当期存贷款营销费用
机构租赁费用	当期机构购买租赁费用
渠道建设费用	当期渠道建设费用
机构管理费用	当期机构管理费用

续表

机构员工薪酬	当期机构员工薪酬
资产减值损失	当期贷款减值准备值－上期贷款减值准备值＋不良资产损失
同业利息支出	当期同业拆入利息支出
折旧费	当期固定资产折旧
其他业务支出	除以上各项外的其他支出
三、利润总额	当期纳税前利润
减：所得税	当期应缴纳税费（弥补前5年亏损后利润为正的部分缴纳税费）
四、净利润	税前利润－所得税

附录表8 资产负债表

科目名称	第1期	第2期	第3期	第4期	第5期	第6期
贷款总额						
减：贷款减值准备						
贷款应收利息						
国债总额						
国债应收利息						
同业拆出						
同业应收利息						
不良资产清收收入						
存款准备金						
固定资产						
现金						
资产总计						
存款总额						
存款应付利息						
同业拆入						
同业应付利息						
所得税						
负债合计						

续表

科目名称	第1期	第2期	第3期	第4期	第5期	第6期
银行资本						
累计净利润						
所有者权益合计						
负债和所有者权益总计						

备注：贷款应收利息仅计算所有贷款下一期应收的利息总额；

存款应付利息＝所有固定利率存款到下一期的应付利息总和＋浮动利率存款下一期应付利息的总额；

贷款减值准备期初拨备，计入"期末值"。

资产负债表填表说明

资产	
贷款总额	现有未到期贷款合计
减：贷款减值准备	当期实际减值准备资产合计
贷款应收利息	当期全部应收贷款利息合计（损益）
国债总额	现有未到期国债合计
国债应收利息	当期全部应收国债利息合计（损益）
同业拆出	当期同业拆出金额合计
同业应收利息	当期同业拆出应收利息（损益）
不良资产清收收入	不良资产清收未到期收入，在现金到账前各期均应记录
存款准备金	现有未到期存款应上缴存款准备金合计
固定资产	固定资产期初余额减去当期折旧
现金	自有现金及剩余存款
资产合计	以上各项总计
负债	
存款总额	现有未到期存款合计
存款应付利息	当期损益表"存款利息支出"＋固定利率存款未支付的应付利息
同业拆入	当期同业拆入金额合计
同业应付利息	当期同业拆出应付利息（损益）

续表

所得税	当期应支付税款
负债合计	以上各项总计
所有者权益	
银行资本	原始资本金＋每期新增资本金＋破产注资
累计净利润	运营期间净利润之和
所有者权益合计	银行资本＋累计净利润
负债及所有者权益总计	负债合计＋所有者权益总计

附录表9 监管报表

风险加权资产	第一期	第二期	第三期	第四期	第五期	第六期
操作风险						
市场风险						
投融资风险						
总风险值						
监管数据						
监管资本总计						
资本充足率						
存贷比						
拨备覆盖率						

备注：资本充足率大于等于10%；监管资本＝全部风险加权资产×10%。

附录二
APPENDIX 2

附录1　中华人民共和国商业银行法

 来源：中国银行保险监督管理委员会（cbirc.gov.cn）

附录2　商业银行资本管理办法（试行）

 来源：中国银行保险监督管理委员会（cbirc.gov.cn）

附录3　《巴塞尔协议Ⅲ》中文版

附录4　商业银行金融资产风险分类办法

 >>　来源：中国政府网 (www.gov.cn)

附录5　商业银行监管评级办法

 >>　来源：中国银行保险监督管理委员会 (cbirc.gov.cn)

附录6　中华人民共和国银行业监督管理法

 >>　来源：中国银行保险监督管理委员会 (cbirc.gov.cn)

附录7　银行风险监管核心指标（试行）

 >>　来源：中国银行保险监督管理委员会 (cbirc.gov.cn)

附录8　银行业金融机构全面风险管理指引

 >>　来源：中国银行保险监督管理委员会 (cbirc.gov.cn)

参考文献

[1] 巴曙松. 巴塞尔新资本协议研究[M]. 北京：中国金融出版社，2003.2.盖锐. 金融学[M]. 北京：清华大学出版社，2020.

[2] 李志辉. 商业银行业务经营与管理[M]. 北京：中国金融出版社，2004.

[3] 上海财经大学金融学院. 中国金融发展报告——《新巴塞尔协议》框架下的中国银行业改革研究[M]. 上海：上海财经大学出版社，2005.

[4] 宋清华. 商业银行经营管理[M]. 北京：中国金融出版社，2009.

[5] 王小燕. 金融企业经营沙盘模拟实验教程[M]. 北京：清华大学出版社，2018.

[6] 岳鹰. 商业银行管理[M]. 北京：中国金融出版社，2021.

[7] 曾康霖. 商业银行经营管理研究[M].5版. 北京：中国金融出版社，2011.

[8] 章彰. 解读巴塞尔新资本协议[M]. 北京：中国经济出版社，2005.

[9] 赵振华. 商业银行基层网点经营管理[M]. 北京：中国金融出版社，2009.

[10] 庄毓敏. 商业银行业务与经营[M]. 北京：中国人民大学出版社，2019.

[11] 中债研发中心.2021年债券市场分析研究报告[R/OL]. （2022-09-19）[2023-05-16].https://www.chinabond.com.cn/cb/cn/yjfx/zzfx/nb/20220919/161204 847.shtml.

[12] 王小燕，阮坚. 金融企业经营沙盘模拟实验教程[M].北京：清华大学出版社，2022.

[13] 上海奕教科技有限公司. 奕·金融多点触控虚拟仿真平台教师操作手册[R].上海：上海奕教科技有限公司，2019.

版权声明

为了方便学校课堂教学，促进知识传播，便于读者更加直观透彻地理解相关理论，本书选用了一些论文、电影、电视、网络平台上公开发布的优质文字案例、图片和视频资源。为了尊重这些内容所有者的权利，特此声明，凡在本书中涉及的版权、著作权等权益，均属于原作品版权人、著作权人等。

在此向这些作品的版权所有者表示诚挚的谢意！由于客观原因，我们无法联系到您，如您能与我们取得联系，我们将在第一时间更正任何错误或疏漏。

与本书配套的二维码资源使用说明

本书部分课程及与纸质教材配套数字资源以二维码链接的形式呈现。利用手机微信扫码成功后提示微信登录，授权后进入注册页面，填写注册信息。按照提示输入手机号码，点击获取手机验证码，稍等片刻收到4位数的验证码短信，在提示位置输入验证码成功，再设置密码，选择相应专业，点击"立即注册"，注册成功。（若手机已经注册，则在"注册"页面底部选择"已有账号立即注册"，进入"账号绑定"页面，直接输入手机号和密码登录。）手机第一次登录查看资源成功以后，再次使用二维码资源时，只需在微信端扫码即可登录进入查看。

图书在版编目(CIP)数据

商业银行运营沙盘实训教程/阮丹，罗艳娥，卢敏主编.—武汉：华中科技大学出版社，2023.5
ISBN 978-7-5680-9395-8

Ⅰ.①商…　Ⅱ.①阮…　②罗…　③卢…　Ⅲ.①商业银行－经营管理－计算机管理系统－教材　Ⅳ.①F830.33

中国国家版本馆CIP数据核字（2023）第090097号

商业银行运营沙盘实训教程
Shangye Yinhang Yunying Shapan Shixun Jiaocheng

阮　丹　罗艳娥　卢　敏　主编

策划编辑：李承诚　庹北麟	
责任编辑：庹北麟	
封面设计：廖亚萍	
责任校对：张汇娟	
责任监印：周治超	
出版发行：华中科技大学出版社（中国·武汉）	电话：(027)81321913
武汉市东湖新技术开发区华工科技园	邮编：430223
录　　排：孙雅丽	
印　　刷：武汉市籍缘印刷厂	
开　　本：787mm×1092mm　1/16	
印　　张：16	
字　　数：311千字	
版　　次：2023年5月第1版第1次印刷	
定　　价：49.80元	

本书若有印装质量问题，请向出版社营销中心调换
全国免费服务热线：400-6679-118　竭诚为您服务
版权所有　侵权必究